엄마를 위한
미라클 모닝

엄마를 위한
미라클 모닝

어떤 방해 없이 온전히 나만을 위한 새벽 2시간 활용법

최정윤 지음

빌리버튼 billybutton

치유와 성장, 모두 새벽이 시작이었다

저는 스트레스를 잠으로 풀며 산다고 말할 정도로 잠꾸러기에다 올빼미형 인간이었습니다. 2018년 처음 새벽 기상을 도전했지만, 번번이 실패했습니다. 아침형 인간은 정해진 기질이고, 저와는 맞지 않는다고 생각했었지요. 그랬던 제가 2020년 다시 '미라클모닝'을 시작한 뒤로는 매일 새벽 시간을 하루의 생명수처럼 맞이하며 인생 제2막을 열고, 이전과 다른 풍요로운 삶을 살고 있습니다.

시작은 절망과 고통의 어둠 속에서였습니다. 삶의 기준을 밖에 두고 타인의 인정만 갈구하며 살던 제가 엄마가 되었습니다. 주어진 소임은 성실히 했지만, 좋아서 하기보다는 억지로 꾸역꾸역해냈습니다. '신은 왜 나에게만 이런 고통을 겪게 하는 걸까?' 운명을 한탄하기도 했고, 걱정과 불안이 가득한 나날을 살았습니다. 살아갈수록 내가 진정 누구인지도 모른 채 '나'를 잃어갔습니다.

나를 바꾸고 싶다는 간절함, 이제는 다른 삶을 살고 싶다는 절박함으로 새벽 기상을 다시 시작한 날, 그날이 제 운이 트이기 시작한 날이 아닐까 싶습니다. 고미숙 평론가의 《나의 운명 사용 설명서》에 따르면, '지금과는 다르게 살고 싶다'라는 욕망이 움트는 순간이 '운이 트이는 순간'이라고 합니다. 그리고 운명을 바꾸기 위해서는 일상의 리듬을 바꾸어야 한다고 합니다. 내 인생의 우선순위에 따라 일상의 리듬을 리셋한 시발점이 바로 새벽이었습니다.

부모의 삶은 의도하지 않아도 자녀에게 흘러갑니다. 좋은 엄마가 되고 싶어 고군분투했지만, 가장 중요한 본질을 놓치고 살

앉음을 뒤늦게 깨달았습니다. 무엇보다도 부모 자신의 치유와 성장이 우선임을. 그러기 위해서는 '나'를 마주하는 시간이 필요하다는 것을. 그 누구도 아닌 진정한 '나'로 존재하는 새벽 시간을 쌓아갑니다. 그를 통해 '나'로서 자유롭게 존재하며 살아가고, 부모로서 '나답게 살아가는 삶'의 본보기가 되고자 합니다.

이전과 별반 다름없는 일상을 살고 있지만, 삶을 대하는 자세는 완전히 달라졌습니다. 과거에 저는 오랫동안 이유 모를 외로움과 슬픔, 수치심과 죄책감에 시달리며 살았습니다. 그러나 새벽 시간을 통해 저의 마음속 밑바닥 감정을 직면하고 돌보며 상처를 치유했습니다. 남과 비교하며 위축되던 생각 습관도 끊어 냈습니다. 자극에 무의식적 반응으로 휘둘리지 않는 힘을 기르며, 나에게는 매 순간 선택의 기회가 있다는 것을 상기합니다. 이전 같으면 운이 나빴다고 치부할 일에서도 감사하는 의미를 찾아냅니다. 감사하는 힘이 강해지자 사소한 일도 긍정적으로 해석하며 삶이 풍요롭고 행복해졌습니다. 아우렐리우스가 '영혼은 자기의 '생각'이라는 색깔에 물든다'라고 말했듯, 제 생각이 바뀌자 제 영혼의 색깔도 변했습니다. 제 마음 깊은 뿌리에는 이제 나에 대한 믿음과 타인에 대한 사랑과 연민의 감정이 흐릅니다. 새벽은 마음의 치유를 넘어 생각과 의식이 성장하는 시간이었습니다.

　오롯이 '나'로 존재하는 하루 2시간, 그 힘으로 부드럽고도 단단한 내가 되어갑니다. 인생에서는 어찌할 수 없는 일들이 벌어진다고 하더라고, 오늘 하루만큼은 내가 만들어갈 수 있겠다는 자신이 생깁니다. 제 주변을 사랑으로 물들입니다. 삶을 영위하는 데 가장 큰 동력은 '자기 신뢰'와 '사랑'입니다. 그 동력을 채워 내가 변하고, 나로부터 비롯된 변화가 가족을 변화시켰습니다. 나아가 사회를 변화시킬 수 있는 주체가 될 거라 믿습니다.

　이 책이 당신의 인생의 전환점이 될 수 있기를 간절히 바랍니다. 책을 읽고 나서 '내일부터 10분이라도 일찍 일어나 나를 마주하는 시간을 가져봐야겠다'라는 마음이 든다면 좋겠습니다. 하루 2시간 '진정한' 나를 만나는 시간으로 나머지 일상도 깊이 누리며 살아가기를, 더 나은 인생에 대한 자신만의 답을 찾기를 바랍니다. 꾸준한 노력으로 삶의 단단한 중심축을 만들고, 새로운 기적의 역사를 써나가기를 열렬히 응원합니다.

이 책이 나오기까지 감사한 분들이 많습니다. '상처의 크기가 사명의 크기'라고 용기를 주신 김진수 선생님, 함께 쓰는 힘을 알려주신 스테르담 작가님, 친언니처럼 아낌없는 조언을 해주신 배정화 선생님, 바인더를 통해 인생의 큰 그림을 그리는 지혜를 가르쳐주신 강규형 대표님, 책 쓰기 선생님 우희경 작가님, 나를 사랑하는 것이 먼저임을 알려주신 김은혜 선생님, 독박육아의 숨구멍이 되어준 윤미란, 건강한 식단과 운동 관리를 가르쳐주신 조상진 님, 〈자기 경영 노트〉 선생님들과 블로그 이웃님들께도 진심으로 감사드립니다.

끝으로 내 인생의 달콤한 레모네이드가 되어준 남편, 언제나 무한한 사랑을 부어주는 아들과 부모님, 늘 며느리를 신뢰해주신 시부모님, 삶을 포기하려 했던 순간에 나를 붙잡아준 동생에게 고맙고 사랑한다고 전하고 싶습니다.

— 최정윤

1장.
삶에서 도망치고 싶을 때
새벽을 만났다

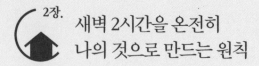

2장. 새벽 2시간을 온전히 나의 것으로 만드는 원칙

3장. 잘 들인 습관 하나로 보람찬 하루가 시작된다

4장. 깊이 있게 몰입하는 새벽 2시간 활용법

5장. 하루를 일찍 시작하면 새로운 삶이 열린다

1장

삶에서
도망치고 싶을 때
새벽을 만났다

엄마라는 페르소나의
무게가 버거울 때

인간은 자신이 경험한 고통 그 이상은 공감할 수 없다는 글을 어디선가 읽은 적이 있다. 육아가 인생 최고의 고난이었다는 선배 엄마들의 말을 들었을 때 짐작은 했지만, 출산 전에는 내가 경험해보지 않은 고통이라 그 깊이를 알지 못했다. 엄마가 된다는 것이 자신의 한계를 수없이 마주하며 때론 절치부심하는 것임을 공감할 수 없었다. 감히 말로 표현할 수 없는 고통과 슬픔, 감동과 환희를 하루에도 여러 번 겪기도 하는 것이 '엄마'의 자리였다. 내가 직접 경험해보고 나서야 비로소 뼛속까지 그 고충을 이해할 수 있었다.

아이를 키우다보면 이전에는 겪지 못했던 여러 경험이 쌓여간다. 그 경험으로 삶의 이치와 부모의 자세를 배워가는 거라지만, 엄마라면 누구나 그 역할의 무게가 버겁게 느껴질 때가 있을 것이다. 엄마라는 페르소나를 과연 내가 잘 감당하고 있는 것인지 때론 의문이 들 때도 있다. 한 생명을 잉태하고 돌본다는 것이 큰 축복임은 분명하다. 그러나 한번 엄마가 되고 나면 그 임무를 벗을 수 없기에 막중한 책임감의 무게에 눌리기도 한다. 아이를 낳은 직후부터 찾아온 고난을 나는 감당하기 버거웠다.

엄마 입문, 죽음 위기의 출산

─────── 2013년 봄, 집 근처 산부인과에서 새벽 1시쯤 출산했다. 그런데 출산 직후부터 출산 과정보다 더 한 고통이 시작되었다. 의사는 아마도 훗배앓이일 거라며 차차 나아질 것이니 지켜보자고 했다. 출산 소식을 듣고 새벽부터 찾아온 가족들을 만나러 남편이 잠시 병실을 비운 사이, 점점 내 정신은 혼미해져갔다. 두려운 마음에 혼자 있는 병실에서 온 힘을 다해 살려달라고 애원했지만, 그 소리가 너무 작아 아무도 듣지 못했다.

뒤늦게 들어온 남편이 내 상태를 보고 놀라서 간호사를 불렀고, 간호사는 지혈 상태를 확인한다고 고정해두었던 지혈대를 풀었다. 그 순간 양동이로 쏟아붓듯이 엄청난 양의 피가 와락 침대 밑으로 쏟아졌다. 그제야 병원에서는 사태의 심각성을 인지하고 급히 대학병원 응급실로 나를 이송했다. 출산 후 과다출혈로 헤모글로빈 수치가 낮아져 위급한 상황이었다. 원인을 알 수 없는 과다출혈을 막기 위해 응급실에서는 속히 자궁적출 수술을 결정했다. 남편은 급히 수술 동의서에 서명했고, 나는 긴급수혈을 받았다.

불행 중 다행은 수술 준비를 모두 마친 타이밍에 산부인과 교수님의 만류로 수술이 취소되었다는 것이다. 성급하게 자궁적출 수술을 하기보다 일단 수혈을 받으며 상태를 지켜보자고 했다. 출혈이 멈추기를 기다리며 5일간 계속 수혈을 받았다. 3일째 되는 날, 원인 모를 출혈이 서서히 멈추었다.

그렇게 아들은 홀로 산부인과에서, 나는 대학병원에서 1주일을 보내고 나서야 우리는 다시 만날 수 있었다. 죽을 고비를 넘기고 살아 돌아와 아들을 품에 안으며 감격의 눈물을 흘렸다. 세상에 나오자마자 엄마와 떨어져 외롭게 1주일을 보낸 아들을 보며 가엽고 미안했다.

모든 게 내 잘못인 것만 같은 날들

———————————————— 죽음의 문턱까지 다녀온 위기
를 겪고 살아남아 감사했지만, 그것도 잠깐. 신생아 육아는 더
큰 위기의 연속이었다. 아들은 예민한 감각과 까다로운 기질을
가지고 태어난 아이였다. 목욕 후에 감싸는 수건이 융털처럼 부
드럽지 않으면 자지러지게 울 정도로 촉각이 예민했다. 피부에
닿는 옷의 재질을 섬세하게 느껴서 부드러운 면티만 입으려 했
다. 청각도 민감해서 작은 소리에도 쉽게 깨고, 깊이 잠들지 못
했다. 두 돌이 될 때까지 밤에 수십 번을 깼다. 아기가 깊이 잠을
못 자니 나도 다독이고 자장가를 불러가며 밤을 지새웠다.

식성도 까다로웠다. 산후조리원에서부터 우리 아들은 '입이
짧은 아이'로 통했다. 영유아 검진을 하러 가면 발육상태가 언제
나 하위 1%였다. 의사의 조언을 듣고 성장클리닉을 다니며 다양
한 시도를 해보았지만, 여전히 살이 찌지 않았다. 포동포동 살이
오른 다른 아기들을 보며 나는 아이의 육체적 성장을 잘 돌보지
못하는 '못난 엄마'라는 죄책감이 들었다. 마르고 허약한 아이라
그런지 열이 났다 하면 금세 탈수가 와서 매번 링거를 맞아야 했
고, 입원도 연중행사처럼 치렀다.

게다가 누구의 도움도 없이 혼자서 육아를 했다. 힘들 때마다

수십 번 도움을 청하고 싶었지만, 도와달라는 말이 입 밖으로 떨어지지 않아서 꾹꾹 눌러 참았다. 남편은 아침 7시 전에 출근해 9시가 다 되어야 퇴근했다. 최선을 다해 육아를 돕는다고 해도 한계가 있었다. 남편이 집에 올 때까지는 마음 편히 머리 한 번 감지 못했고, 매끼 게 눈 감추듯 밥을 먹었다. 종일 아기를 먹이고, 재우고, 씻기고, 기저귀를 갈며 '나'라는 존재는 곤죽이 되어 버렸다. 혼자만의 일상이 간절히 그리웠다. 출산 후 처음으로 동네 육아 동지와 함께 커피숍에 갔던 날이 기억난다. 아기를 등에 업은 채 커피를 받아들고 한 모금 들이키자 울컥 눈물이 났다. 익숙했던 일상을 오랜만에 다시 마주하고는 여러 감정이 휘몰아쳐 한동안 말을 잃었다.

안 그래도 낮았던 자존감은 그 당시 바닥을 쳤다. 다시 배 속으로 넣을 수 있다면 시간을 되돌리고 싶은 날도, 낳지 말 걸 그랬다고 후회한 날도 있었다. 잠든 아이의 천사 같은 모습을 보며 그런 마음을 품고 있는 나를 정죄하며 울었다. 퇴근하고 돌아온 남편은 하루가 멀다 하고 울고 있는 나를 보며 같이 힘들어했다. 그때 난 호되게 산후우울증을 앓았다.

계속된 '독박 육아'로 결국 아들이 5개월이 되었을 때 몸에 이상 신호가 찾아왔다. 5개월 동안 잠을 제대로 자본 적이 없던 탓이었을까. 극심한 어지럼증과 두통으로 몸을 가눌 수가 없었다. 남편은 이미 출근했고, 일이 바빠 집에 올 수도 없는 상황이었다. 결국 친정 엄마에게 전화를 걸었다.

전화를 받고 놀라서 달려온 엄마는 왜 여태 그렇게 혼자 힘들어했냐고 안타까워하셨다. 그때까지도 나는 육아의 고단함을 털어놓는 것이 친정엄마에게 부담을 주는 것이라고 착각했다. 내가 도움만 청하면 한걸음에 달려와주실 분이었는데, 나 혼자서 엄마가 힘드실 거라고 지레짐작했다. 누군가의 도움이 필요할 때, 때론 용기 내 "도와달라"고 해야 한다. 감사하게 도움을 받을 줄도 알아야 한다는 것을 그때 깨달았다.

눈치 보고 소심한 나의 성격은 육아에도 그대로 드러났다. 아이가 무엇을 먹을 때마다 걱정스럽고 염려하는 눈빛으로 바라보았다. 엄마의 그런 눈빛이 아이를 더 불안하게 만든다는 것을 그때는 미처 몰랐다. 아들은 겁도 많고 낯도 심하게 가렸다. 낯선 사람을 보면 내 뒤에 숨어버렸고, 놀이터에서도 놀이기구를 무서워해 타지 못했다. 크면서 자신만의 때가 되면 결국 다 하게 되는 것들인데, 초보 엄마인 나는 아이가 계속 못하면 어쩌나 조급하고 불안했다. 우리 아이만 뒤떨어지는 것 같고, 예민한 것

같고, 그것이 다 내가 잘못 키운 탓이 아닌가 느껴졌다.

초보 엄마의 삶은 죄책감과 불안함으로 얼룩져 있었다. 남들 다 하는 육아라지만, 아이를 키우는 일이 내겐 인생 최고의 고행이었다. 게다가 복직을 하고 일과 육아를 병행하게 되자 그야말로 '헬'이 펼쳐졌다. 아이를 낳고 난 후 '나는 엄마가 될 자격이 없는 사람'이라는 생각을 수없이 했다. 만약 육아가 '직업'이었다면 사표를 여러 번 던지고도 남았을 것이다. 괴테의《파우스트》에 나오는 말처럼 '때때로 갑자기 모든 것으로부터 도망치고 싶은 충동'을 느끼면서, 나를 어디론가 다른 곳으로 보내줄 마법의 망토는 없을까 상상했다. 하지만, 현실에서 그런 것 따위는 존재하지 않았다.

삶의 구렁텅이에서
'헐벗은 나'를 마주하다

"마음속 지옥을 피하려고 하면 마음속 천국에서도 멀어진다."
심리학자 에이브러햄 매슬로의 말이다. 지난 내 삶도 내 마음속
지옥을 피하려고만 했다. 부정적인 감정은 원래 억누르고 사는
것인 줄 알았다. 그냥 덮어두고 시간이 지나면 잊히고 사라질 거
라 믿었다. 그러나 돌아오는 것은 우울감뿐이었다.

　나의 상처를 감히 꺼내서 살펴보지 못했다. 그럴 만한 용기가
없었다. 슬쩍 열어보려고 시도만 해도 숨이 가빠지며 가슴이 조
여오고, 몸이 땅속으로 꺼지는 느낌이 들어 견딜 수가 없었다.
억누른 상처의 감정들이 내 발을 묶어버려 수면 아래로 침몰하

는 듯했다.

정신분석가 한성희 박사는《딸에게 보내는 심리학 편지》에서 부정적인 감정을 피하겠다고 감정을 억누르면 긍정적인 감정까지 막힌다고 말한다. 그리고 그 상태로 계속 지내다보면 오히려 더 큰 분노나 화병을 불러올 수 있다고 한다. 알 수 없는 긴장과 불안, 허무함으로 내가 힘들었던 것도 평소 불편한 감정들을 꾹꾹 억눌렀기 때문이었다. 상처의 군은살이 점점 두터워지면서 긍정 정서에 둔감해졌다.

그런 나의 모습을 아이에게는 물려주고 싶지 않았다. 그래서 열심히 자녀 교육서를 읽었고, 또 실천해보려고 노력했다. 책을 읽을수록 나를 바꾸고 싶다는 생각이 간절해졌다. 긍정적인 사람이 되려고 노력했지만, 정작 가장 중요한 것이 빠져 있었다. 내가 억눌러온 감정과 상처를 돌보지 않았다.

무의식에 잠재된 상처를 직면하는 육아

─────────────────────────── 아이를 키우며 가장 힘들었던 것은 내 상처를 마음의 준비 없이 맞닥들이게 된다는 점이다. 나는 생모에게 버림받았다. 아버지 혼자 직장에 다니며 두세 살짜리 두 딸을 돌볼 수가 없었기에 우리는 한동안 뿔뿔이 흩어

져 친척 집에 얹혀살았다. 그동안 깊이 묻어두고 지냈던 생모에 대한 미움은 아들이 내가 버림받았던 나이가 되자 되살아났다. 커갈수록 경이로움과 기쁨을 주는 아들을 바라보며, '나도 저렇게 예쁘고 사랑스러웠을까?' 생각했다. 그런 어린아이였을 때 나를 저버린 생모를 도저히 이해할 수가 없어 증오심은 더 커졌고, 슬픔이 엄습해왔다.

더부살이 신세였던 나와 동생을 구제해준 것은 지금의 어머니이다. 두 딸과 함께 살기 위해 결혼을 서두른 부모님 덕분에 다섯 살 때부터는 엄마와 아빠가 함께하는 집에서 다시 살아갈 수 있었다. 부모님은 내가 너무 어렸을 적이라 기억 못 할 거라 생각하신 것 같다. 엄마는 나를 낳았다고 말했다. 나는 그 말에 실은 다 기억하고 있다고 솔직하게 말할 용기가 없었다. 나도 기억을 못 하는 척 연기했다. 어떤 계기로 그 사실이 들통 나기 전까지 나는 가족 앞에서조차 가면을 쓰고 살았다.

언제부터인가 엄마는 화가 날 때 매를 들곤 했다. 회초리 바람이 지나간 자리엔 시퍼런 멍 자국과 함께 마음도 멍울졌다. 그런 엄마가 미우면서도, 한편으로는 사랑받기를 갈구했다. 양가감정을 느끼는 나 자신을 보며 혼란스러웠다. 하지만 부모님 앞에서는 아무렇지 않은 척, 괜찮은 척하며 가슴속 깊은 슬픔과 외로움을 꾹꾹 눌렀다. 엄마의 표정과 기분을 늘 살피며 조심했고, 사랑받고 싶어서 내가 할 수 있는 최대한으로 순종했다.

껍데기를 목표삼아 달린 인생의 공허함

─────────────────── 주기적으로 찾아오는 공허함도 나의 묵은 감정 친구였다. 아이가 나처럼 '삶이 공허하다'라고 생각하며 살지 않기를 바랐지만, 엄마인 나도 그 감정을 어찌해야 할지 몰랐다. 어렸을 때는 "좋은 대학만 가라, 그럼 인생 술술 풀린다"라는 말을 굳게 믿으며 컸다. 성적이라는 눈에 보이는 결과만 목표 삼아 달렸다. 소정의 목표를 이루고 난 뒤에 텅 빈 마음이 찾아왔다. 또 다른 목표를 찾으며 잊으려 했다. 20대에는 누구나 달성해야 할 과업이 있다고 믿었다. 취업과 결혼을 목표 삼았다. 그러나 목표를 이뤄도 잠시의 기쁨 이후 또 공허함이 찾아왔다. 삶의 행복은 목표 달성과는 별개였다. 내 인생은 공허함과의 치열한 싸움이었다.

지금에 와서야 그 이유를 깨닫는다. 내가 목표라고 믿었던 것들은 진짜 내가 원한 것이 아니었다. 부모님의 기대와 타인에게 보여지는 모습에 기준을 둔 목표가 내 것인 줄 착각하고 살았다. 남들과 비교하며 구체적인 성과와 겉모습을 중요하게 여겼다.

그러나 스스로 만족스러운 성과가 별로 없었기에 나 자신을 '루저'로 낙인찍었다. 그런 껍데기마저 벗겨내고 나면 내 속 모습은 수치스러웠다. 때때로 '헐벗은 나'를 마주하는 것이 고통스러웠다.

엄마가 되고 상처가 되살아난 순간들

———————————————————— 생모에게 버림받은 기억으로부터 비롯된 외로움과 내 존재 가치에 대한 의심이라는 깊은 가시가 내 인생 전반을 휘둘렀다. 또 버림받게 되는 건 아닐까 걱정하던 어린 시절의 불안과 공포도 나를 억눌렀다. 늘 엄마의 기분을 살피던 어릴 적 습관이 이어져 늘 남의 눈치를 보며 살았지만, 정작 나를 돌보지 않는 공허한 삶의 패턴을 만들어버렸다.

남들 앞에서는 잠시 가면을 쓰고 내 감정을 억누르며 버틸 수 있었다. 그러나 매일 나의 일거수일투족을 보고 있는 아이 앞에서 가면을 쓰는 것은 한계가 있었다. 좋은 모습만 보여줄 수 없고, 나도 몰랐던 밑바닥까지 드러나는 것이 아이 양육이었다. 지금은 아이가 지닌 섬세하고 예리한 감각이 큰 축복이라고 생각하지만, 그 당시엔 나를 닮아 소심하고 예민한 아이의 말과 행동에 화가 났다. 동시에 화를 내던 엄마의 모습이 떠올랐다. 때론 그 시절 어린 나로 돌아가기도 하고, 그 시절의 엄마가 되어버리기도 했다.

간절히 좋은 엄마가 되고 싶었지만, 어릴 적 가장 마음 아프고 무서웠던 엄마의 모습을 나에게서 마주할 때면 자괴감이 들었다. 예상치 못한 순간에 '내면 아이'와 '내면 부모'를 마주할 때마다 내 감정은 롤러코스터를 탔고, 현실에서 도망가고 싶었다.

《몸에 밴 어린 시절》의 저자 W. 휴. 미실다인에 의하면, 개인에게는 '내면 부모'와 '내면 아이'라는 두 개의 자아가 존재한다. 내면 부모란 어린 시절에 경험한 부모의 생각, 감정, 행동, 태도 등을 유사하게 닮은 자아다. 다른 하나는 그런 부모의 양육방식에 대한 자아의 내적 반응으로 형성된 내면 아이다. 내면 아이는 어른이 되어서도 마음속에 과거의 어린 모습 그대로 남아 현재의 삶에 영향을 미친다. 내면 부모 또한 어렸을 때 부모가 보여주었던 태도를 기억하고, 그 태도를 자신과 자녀에게 적용한다고 한다.

엄마인 내가 먼저 치유되지 않고서 아이를 잘 키우기란 어려운 일이었다. 지금 당장은 아프더라도 내 마음의 가시와 쓴 뿌리를 들여다보아야 한다는 것을, 나의 내면부터 잘 돌볼 줄 아는 사람이 되어야 한다는 것을 그때는 미처 몰랐다.

절망 앞에서 비로소 던진 질문,
어떻게 살아야 하나?

'현상 유지 편향'과 '손실 회피 편향'이라는 심리학 용어가 있다. 현상 유지 편향이란, 현재 유지하고 있는 익숙한 것을 선호하고 특별한 이득이 없는 이상 잘 바꾸지 않으려는 지각적 편향을 말한다. 새로운 것을 시도하면 분명히 개선될 수 있는 상황임을 알면서도 하던 대로 익숙한 쪽을 선택하는 것이다. 손실 회피 편향은 얻은 것의 가치보다 잃어버린 것의 가치를 크게 느끼는 심리를 말한다. 예를 들면, 똑같은 돈이라 할지라도 잃어버린 상실감이 얻은 행복감보다 훨씬 크다는 것이다.

나의 과거는 이러한 '현상 유지'와 '손실 회피'의 편향에 사로

잡힌 삶이었다. '내 삶은 왜 이토록 힘든가?' 투정하면서도 고통에 안정감을 느끼고 살았다. 허울 좋은 하눌타리 같은 삶이었지만, 변화를 주저했다. 꼬박꼬박 받는 월급을 계속 유지하고 싶은 현상 유지 편향이 있었다. 월급의 가치는 과대평가하고, 아이와의 소중한 시간의 가치는 과소평가했다.

육아휴직을 더 길게 쓸 수 있었지만, 돈을 벌기 위한 목적으로 복직을 선택했다. 말도 제대로 할 줄 모르고 기저귀도 떼지 않은 어린 아들을 어린이집에 맡겼다. 워킹맘이 되고 나서 또 다른 어려움이 닥쳐왔지만, 오롯이 감당했다. 힘듦과 어려움을 누구에게도 털어놓지 못하고 모든 것을 혼자 해결하려는 내 오랜 습성을 그대로 유지했다. 부부관계에서도 마찬가지였다. 관계 개선을 위해 분명 새로운 변화가 필요했지만 늘 살던 대로, 무의식적으로 튀어나오는 익숙한 관계의 습관을 깨지 못했다. 바닥을 여러 번 치고 다시 수면 위로 올라오기를 반복했다. 성장할 수 없는 '현상 유지'의 삶이었다.

전쟁터 같은 워킹맘의 삶에 찾아온 번아웃

————————————————— 복직 후 맞이했던 아침의 풍경은 그야말로 전쟁터였다. 부랴부랴 아침 식사를 준비

했지만, 입맛 까다로운 아들은 한 수저 정도 먹을까 말까였다. 다 식어버린 아침밥을 버리기 아까워 대충 내 입에 털어 넣으며 집 밖을 나섰다. 현관에서부터 아들은 등원을 거부하며 울고불고 난리였다. 그런 아들을 둘러업고 어린이집으로 뛰었다. 출근 시간을 맞추려면 아무도 등원하지 않은 어린이집에 일찍 아이를 보내야 했다. 낯선 환경에 적응하는 데 시간이 오래 걸리던 아들은 어린이집 문 앞에서 신발도 벗지 않고 오열했다. 나를 따라가겠다는 아이를 겨우 떼어놓고, 차에 타서 운전대를 잡으면 아들의 우는 모습이 떠올라 눌렀던 눈물이 터져 나왔다. 한동안 차 안에서 울음을 쏟아내고 출근했다. 퇴근할 때쯤이면 아들은 어린이집에 혼자 남아 있었다. 목이 빠지게 엄마를 기다리고 있는 아이를 만나러 나는 전력 질주했다.

매일 일거리를 한가득 싸 들고 퇴근했지만 그대로 다시 메고 출근하는 날이 허다했다. 자기 전까지 찝찝한 마음으로 잠들고, 아침에 눈을 뜨면 부담감이 가슴을 짓눌렀다. 출근하면 아침에 헤어질 때의 슬픈 아들의 얼굴이 아른거려 죄책감에 시달렸다. 그러나 막상 집에 와서는 온전히 아이에게 집중하지 못하고 마음 한쪽에 일 걱정이 가득했다. 가정과 일터에서 다른 마음들이 내면에서 싸움질하며 자괴감을 극대화했다. 집에 돌아와도 휴식을 느낄 수 없었다. '육아'라는 제2의 일터로 출근하는 느낌이었다. 극심한 번아웃을 겪었다. 출근길에 운전하고 가면서 '지나가는 차가 내 차를 들이받으면 좋겠다'고 생각했다. 사는 게 힘겨워서 세상에서 먼지처럼 사라져버리고 싶은 심정이었다. 육아나 일이나 살림이나, 뭐 하나 제대로 하는 게 없다는 자기 비난만 가득했다. 내 삶이 정신없이 돌아가는 수레바퀴에 눌어붙은 껌딱지 같았다.

미성숙한 어른 아이인 채 부모가 되다

양육 태도도 어리숙했다. 우리 부부는 정서적으로 미성숙하고 상처받은 내면을 가지고 몸만 커버린 '어른 아이'였다. 살아온 오랜 습관대로 무의식과 감정에 휘둘리는 부모였다. 복직 이후 나는 깊은 우울과 무기력에 빠졌고, 남편은 자주 분노의 에너지를 가족에게 터트렸다. 남편은 때론 불같이 화를 냈는데, 특히 아이가 실수했을 때 그랬다. 기저귀를 막 뗀 이후 변기에 소변을 누다가 튈 때나, 아이가 스스로 액체를 컵에 따라보겠다고 시도하다가 식탁에 흘리는 경우였다. 점차 아들은 아빠를 무서워했다. 남편은 그것이 권위 있는 아버지의 모습이라고 착각했다.

평소에 나는 열심히 읽은 육아서대로 실천하려고 노력했다. 그러나 내 감정을 억누르다보니 늘 에너지가 부족했다. 퇴근 후 집에서는 피폐해진 모습을 보일 때가 많았고, 가끔은 감정적으로 무너져 아이 앞에서 통곡하기도 했다.

섬세한 기질의 아들은 아빠의 분노와 엄마의 우울을 과잉 흡수했다. 결국 아이의 정서에 적신호가 켜졌다. 다섯 살 가을 즈음, 감기를 심하게 앓고 난 이후부터 침을 삼키지 못했다. 퇴근 후 어린이집에 데리러 가면 삼키지 못한 침 때문에 상의가 흥건하게 젖어 있고, 시큼한 냄새가 났다. 어르고 달래고 설득하고 좋은 영상도 찾아 보여주었다. 그러나 어떤 방법을 써봐도 도움이 되지 않았다. 그 증상이 두 달 넘게 지속되었다. 아이가 힘들어하는 것을 지켜보면서도, 원인을 몰라 어떤 도움도 주지 못하니 괴로웠다.

마지막 끈을 붙잡는 심정으로 아동심리센터를 찾아갔다. 아이의 상태를 진단받았다. 아이의 행동이 불안으로 인한 강박이었다는 것을 그때야 알았다. 불안이 높고 예민한 기질이라는 것은 알고 있었지만, 검사 결과는 가히 충격적이었다. 높은 우울감 수치와 낮은 자존감 수치는 우리 부부의 잘못된 양육방식의 결과를 말해주고 있었다. 일관성 없는 부모의 모습이 아이의 두려움과 수치심을 가중하고 있음을, 섬세한 아이에게는 견디기 힘든 스트레스였음을.

무엇을 포기하고, 무엇을 지켜내야 할 것인가

엄마가 필요한 결정적 시기에 나에게 엄마가 없었던 것처럼, 나도 똑같이 아들을 힘들게 한 건 아닌가 후회가 되었다. 눈에 보이는 돈의 숫자는 늘었을지언정, 보이지 않는 아이와의 교감 시간은 줄어들었다. 다시는 되돌릴 수 없는 소중한 순간을 삶에 허덕이며 놓치고 있다는 생각에 정신이 번쩍 들었다.

비로소 나는 꼬박꼬박 받던 월급을 포기하고, 아이와 보내는 시간의 질과 양을 높이기 위해 휴직을 선택했다. 맞벌이하다가 남편이 벌어오는 월급만으로 생활한다는 것이 두렵긴 했지만, 경제적 안정을 포기했다.

그때부터 우리 부부는 감정에 휘둘리지 않기 위해 부단히 노력했다. 남편은 자신이 무심코 했던 말과 행동이 아이의 자존감에 상처를 주었다는 것을 깊이 반성했다. 아이에게 분노를 터트리지 않도록 감정을 다스리는 연습을 했다. 또 퇴근 후에 아이와 재미있게 놀 방법을 연구하기 시작했다. 아빠와 유대감을 쌓아가면서 아들이 아빠를 대하는 태도가 변화하기 시작했다. 아빠가 들어오는 인기척만 들려도 식탁 밑으로 숨어들어가 긴장했던 아들이 아빠에게 달려가 반기는 아들이 되었다. 그 시기가 자녀 양육에 대한 올바른 기초를 세우는 전환점이 되었다. 아동심리센터에서 만났던 상담 선생님께서 내게 해주신 말씀이 지금도 기억난다.

"어머니, 아이의 상태는 심각하지 않아요. 아이가 가진 힘도 많아서 지금부터 노력하면 충분히 좋아질 수 있어요. 아이 걱정을 하기보다, 어머니는 자신을 좀 더 사랑해주세요."

"자신을 좀 더 사랑해주세요"라는 말을 들었을 때 괜스레 마음 한켠이 저려왔다. 내 인생에서 나는 늘 1순위가 아니었기 때문이다. 결혼하기 전에는 부모님 말씀에 순종하는 것이 1순위였고, 결혼하고 나서는 남편과 아이가 1순위였다.

나의 상처와 치부를 다 드러냈을 때 진심으로 공감해주는 그녀의 모습에 가슴 깊이 감응하는 울림이 있었다. 그때부터 나에게 묻기 시작했다. '어디서부터 잘못되었고, 무엇부터 바꿔야 하는가? 나는 도대체 어떻게 살아야 하는가?' 내 인생관이 조금씩 바뀌기 시작했다. 내 가족을 돌보기 전에 나부터 돌봐야겠다고 결심했다.

당신의 삶에서 포기해야 할 것은 무엇인가? 절대로 타협하지 않고 지켜내야 할 것은 무엇인가? 그 차이를 구별할 수 있는가? 나는 그제야 비로소 지켜내야 할 본질을 조금씩 알아차리기 시작했다. 아이를 위해 휴직을 선택했지만, 결과적으로 그 시간은 나를 위한 시간이자 내 인생의 전환점이 되었다. 살던 대로 살면서 그럭저럭 변화를 견디고 현상 유지 편향의 삶을 살 것인가, 아니면 용기 내어 변화에 도전해서 한 단계 성장할 것인가. 이러한 질문 앞에서 조셉 칠턴 피어스의 말을 기억해보면 좋겠다.

"아이들에게는 우리가 하는 말보다 우리의 인격이 더 큰 영향을 끼친다. 그러므로 우리 아이들이 되기를 바라는 사람의 모습을 우리 자신이 보여줘야 한다."

반복되는 갈등의
마침표를 찍으려다 발견한 보물

"인생이 네게 신 레몬을 건네준다면 그것을 레모네이드로 만들어라."

데일 카네기의 《자기관리론》에 등장하는 명언이다. 인생이 나에게 건네준 '신 레몬'은 과연 무엇일까? 그 레몬을 레모네이드로 만들기 위해 어떤 노력을 해야 할 것인가?

내 인생의 가장 신 레몬 중 하나는 남편이었다. '남편'이라는 레몬은 살아갈수록 신맛이 강해졌다. 도저히 레모네이드로 바꿀 수 없을 것 같아 버리는 게 낫겠다고 생각했다. 처지를 바꿔 생각해보면 남편에게도 내가 신 레몬이었을 것이다. 함께 노력했기에 지금은 서로의 달콤한 레모네이드가 되어주고 있다.

부부 갈등의 가장 큰 피해자는 아이

엄하고 무서웠던 어머니의 양육방식과 주입식 학교 교육에 순치되어 살았다. 남의 의견을 따르는 것이 익숙했던 나의 성격은 남편과의 결혼에도 결정적 요인이 되었다. 주도적이고 자기주장이 강한 남편의 모습이 편했다. 결혼 후에도 대부분의 결정은 남편이 주도했고, 나는 매번 그 의견에 따랐다. 그런 결혼생활을 6년간 계속했다. 내 욕구를 억누르고 다른 사람에게만 맞춰 살아오며 속마음은 곪아가고 있었다. 억울함이 쌓여 어느 순간 울화로 바뀌기 시작했다. 그때부터 남편의 결정에 반기를 들고 내 생각을 주장하기 시작했다. 남편은 순종적이었던 사람이 이상하게 변했다고 간주했다. 갑자기 달라진 내 모습에 당황하고 분개했다.

그 후 수년간 부부싸움의 패턴이 비슷했다. '다르다'라는 것을 인정하지 않고 '내가 옳고, 네가 틀리다'라는 앵글로 보았다. 서로의 말과 행동에 쓸데없는 판단을 덧붙여 그것이 진실이라 믿으며 스스로 무덤을 팠다. 어떤 자극이 던져지면 금세 깊은 갈등으로 불이 붙었다.

서로에 대한 원망이 쌓이고 쌓여 어느 날부턴가 입을 다물었다. 몸은 한집에 있었지만, 마음은 북극과 남극처럼 극단에 떨어져 있었다. 우리 부부도 괴로웠지만, 더 괴로워한 것은 그 모습을 지켜보는 아이였다.

아이가 가르쳐준 사랑

─────────── 아들이 유치원에 다닐 때였다. 부부싸움 후에 남편이 아이 앞에서 "혼자 살고 싶다"라는 말을 한 적이 있었다. 아이 앞에서 할 말과 하지 말아야 할 말을 구별하지 못한다는 생각에 화가 났다. 나도 아들에게 "그냥 아빠 혼자 살게 하고 우리 둘이 살까?"라고 물었다. 어리석은 엄마에게 아들은 "아빠 말을 귀로 듣지 말고 마음으로 들어봐요"라고 조언해주었지만 나에겐 어려운 일이었다. 우리 부부의 갈등이 해소되지 않자 예민한 기질의 아들은 더 깊은 불안에 빠져들었다. 그런 아들을 보며 차라리 나 혼자 키우는 것이 아이 정서에 더 낫겠다고 판단했다. 내 아이에게 나와 똑같은 상처를 주지 않겠다는 맹세를 지키지 못해 마음 아팠지만, 관계를 끊는 것이 유일한 방법 같았다.

마음속 홀로서기를 준비하던 때, 남편과 마주치는 것이 싫어

벌레를 피하듯 의도적으로 외면했다. 사이가 좋을 때는 저녁 식사 후 다 함께 있었지만, 이혼을 결심한 후로는 각자 따로 아이와 놀곤 했다. 그날도 아이와 단둘이 놀고 있었다. 놀다가 갑자기 아들이 울먹이며 나에게 이런 말을 했다.

"엄마, 나는 아빠랑 엄마가 행복하게 사는 게 1번 소원이야. 내가 매일 하나님께 기도해. 근데 하나님은 내 기도를 안 들어줘. 내 기도는 왜 항상 안 이뤄질까?"

아이의 말에 눈물이 왈칵 났다. 정작 부모 본인들도 포기해버린 뒤틀린 관계를 지켜보며, 희망을 잃지 않고 관계 회복을 위해 기도한다니. 그 마음을 헤아리니 가슴이 미어졌다.

'그래. 내 자식의 유일한 소원이라는데…. 매일 간절히 기도하는 아이 마음을 생각해서라도 다시 죽을 만큼 노력해보자. 그래도 회복되지 않는다면 그땐 아이를 위해서도, 나를 위해서도 이혼하자.'

바로 이때가 내가 변화를 절실하게 결심하고 새벽을 깨우기 시작한 순간이다. 마음으로 다짐하며 아이에게 말했다.

"아니야, 네 기도는 분명 이루어질 거야. 엄마가 더 많이 노력할게."

그 말을 들은 아들은 내가 아이에게 평소에 하던 것처럼, 나를 안아주고 고사리손으로 내 등을 다독였다. 그런 아들을 보며, 고단한 인생을 산 나를 응원하려고 신이 보낸 선물이 아닐까 생각했다. 엄마가 되지 않았더라면 아마 지금도 여전히 과거의 방식대로 그럭저럭 견디고 버티며 살고 있었을지 모른다. 내가 가장 사랑하는 아이의 불안과 공포의 몸부림을 지켜보며 '살던 대로 살지 않겠다', '아이의 삶을 망가뜨리는 부모가 되지 않겠다'라고 굳은 다짐을 했다. 과거에는 예민한 기질이라 키우기 힘든 아이라고 생각했었지만, 아이의 그 섬세함 덕분에 나도 배우고 깨닫고 성장할 수 있었다. 아이가 행복한 삶을 살았으면 하는 바람이 변화에 대한 간절한 열망이 되었다. 아이의 그 말이 아니었다면 남편에게 닫았던 마음을 다시 열 용기를 내지 못했을 것이다.

부모인 내가 아이를 더 사랑한다고 생각하고 살았다. 사실은 아이가 나를 훨씬 더 많이 사랑하고 있었다. 나를 세상에서 최고로 예쁜 사람으로 믿고, 사랑 가득한 눈빛으로 바라봐주는 사람, 언제나 나를 지지해주며 변함없는 믿음을 부어주는 단 한 사람이 바로 아들이었다. 절망의 나락 끝에서 아이가 내 손을 잡아 끌어주었다. 내 곁에서 한결같이 보내주는 아이의 사랑은 보지 못하고, 행복의 이상향만 쫓던 나는 그제야 '내 발밑에 떨어진

행복 줍기'를 시작했다.

해뜨기 전이 가장 어둡다는 말이 있다. 칠흑 같은 어둠의 시기를 흘려보냈더니 눈부신 일출을 볼 수 있었다. 당신의 삶에서 어둠이 점점 더 깊어지고 있다고 느껴진다면, 지금이 바로 변화를 시도할 시기이다. 변화를 시작한 당신이 곧 마주할 빛의 크기는 더 크고 찬란할 것임을 잊지 말자.

새벽은 인간답게 살고 싶은
몸부림의 시간이었다

밤마다 잠든 아들 얼굴을 바라보며 온갖 상념에 잠기던 날들이 있었다. 어느 날 문득 이런 생각이 들었다.

'내가 아이보다 먼저 죽을 것이 분명한데…. 지금은 이렇게 내가 보살펴주지만, 언젠간 나 없이 혼자 살아야 할 때가 올 텐데…. 그때를 위해 무엇을 준비해야 할까?'

죽음을 떠올리자 두렵고 막막해졌다. 삶이 불만족스럽고 때론 공허했던 나와는 다른 삶을 아이가 살아가기를 바랐다. 잠든 아이를 보며 마음에 스머드는 두려움과 답답함을 덜고 싶어 시작된 두서없는 질문이 끝없이 이어졌다.

'나는 엄마로서 무엇을 중요하게 가르치고 남겨주어야 할까.'

'내가 없는 세상에서도 혼자 살아갈 수 있으려면, 중심에는 무엇이 있어야 할 것인가.'

'공부해라, 좋은 대학가라, 결혼해라.'

이런 것들이 삶에서 꼭 이루어야 할 목표인 줄 알았다. 당연한 것처럼 내게 주어졌던 과제들이 과연 내 인생을 만족하게 만들어주었는지 떠올리면 허탈했다. 내 삶은 여전히 내가 만들어낸 틀 안에 갇혀 있었다. 미래 시대를 살아갈 아이에게는 그런 고리타분한 강요는 하고 싶지 않았다.

나에게 향하는 질문들

자녀를 향해 있던 끊임없는 질문의 초점이 점차 나에게로 맞춰졌다. 나의 내면에서 인생에 관한 질문이 계속되었다. 그러다 마침내 다음의 세 가지 질문으로 귀결되었다.

'도대체 나라는 사람은 누구인가?'

'사람답게 산다는 건 대관절 어떻게 사는 것일까?'

'더 나은 삶을 위해서 나는 지금 무엇을 해야 하는가?'

누구도 대신 답해줄 수 없는 질문이었다. 각자의 인생이 다르듯, 이 질문에 대한 답도 모두 다를 것이다. 스스로 확신이 드는 답을 찾고 싶었다. 내가 누구인지도 모르는 고통의 삶에서 벗어나 나를 사랑하며 살고 싶었다. 휘둘리지 않는 삶을 살고 싶었다. 나만의 행복의 기준도 없었지만, 간절히 행복해지고 싶었다.

한때는 천직이라고 생각했던 나의 일이 '생업'이 되어버렸다는 쓸쓸함도 변화에 대한 열망을 끓어오르게 했다. 《나를 아프게 하지 않는다》에서는 같은 일을 하더라도 자존감이 낮은 사람이 빨리 지친다고 했다. 실패에 대한 두려움과 불안에 저항하며 부정적인 에너지를 쓰기 때문이다. 나 역시 그랬다. 나보다는 남을 우선시하는 삶의 패턴 때문에 일을 할 때 늘 긴장하고 쉽게 피로해졌다. 일과 육아를 병행하면서부터는 내 직업에 대해 회의감이 들었다.

'내 자식 하나도 제대로 돌보지 못하고 있으면서 지금 내가 누굴 돌볼 수 있는 자격이 되는가?'

처지를 비관하며 점점 자신감을 잃어갔다. 어쩔 수 없이 해야 하고, 살아가는 데 불가피하다고 생각하니 더 일하기가 싫어졌다. 나다운 모습으로 설레는 일을 하고 싶었다. 좋아하는 일로 행복하게 일하는 엄마의 모습을 보여주고 싶었다. 그러려면 먼저 내가 진정 누구인지, 나의 정체성부터 찾아야 했다. 더 나은 삶을 가져온다는 보장이 없더라도, 변화가 필요했다.

고요한 새벽을 만난 순간

————————————— 쇼펜하우어는 누구나 혼자일 때 온전
히 자기 자신이 될 수 있다고 말했다. 나도 혼자만의 시간에 나
를 만나고 돌보고 싶었다. 내 안에 올라오는 질문의 답을 찾기
위해서 무작정 새벽에 책을 읽기 시작했다. 나의 문제들을 먼저
겪고 고민하고 해결해나갔던 현인들의 답을 찾아 책 속을 헤맸
다. 책이 나의 멘토였다. 백지에 그림을 그리듯 책 속에서 새롭
게 길을 찾아나갔다. 무너진 내 삶의 중심축에 다가가 부서지고
잃어버린 조각들을 차근차근 하나씩 채웠다. 그리하여 점차 내
마음의 단단한 축을 쌓아나갔다.

　새벽은 사람답게 살고 싶은 몸부림의 시간이었다. 마르쿠스
아우렐리우스가 말했듯 '고요하고 평안하게 쉴 수 있는 나의 정
신'으로 들어가는 시간을 통해, 의무와 강요에서 벗어나 내가 선
택하며 주도하는 인생을 살고 싶었다. 고요한 새벽 나만의 시간,
주도적인 인생을 살기 위한 장기적인 계획을 세워나갔다. 암울
했던 삶의 숨구멍을 트여줄 답을 찾기 위해, 어둠의 터널 속에서
희망을 찾는 극적인 변화를 시작했다.

왜 새벽 2시간인가?

《우리 아이 자존감의 비밀》의 저자이자 하버드 교육대학원 교수인 조세핀 킴 박사의 말에 따르면, 부모의 자존감은 아이에게 대물림된다. 자존감이 낮은 부모 밑에서 자란 아이는 자존감이 낮을 확률이 높다고 한다. 부모가 의도하지 않았어도 자신도 모르는 사이에 아이에게 상처를 주기 때문이다. 무심코 아이에게 주는 상처가 어디에서 비롯된 것인지 알아차리고 자신의 말과 행동을 돌아볼 필요가 있다.

어떤 역할도 아닌, '나'로 존재하는 시간이 필요하다

나의 내면을 돌아보고 자신과의 관계를 새롭게 만들어가는 시간은 자녀 양육뿐만 아니라, 부모 자신의 삶에도 큰 변화를 만들 수 있다. 내가 새벽 2시간을 루틴으로 만들게 된 가장 큰 이유도 그 때문이었다. 마치 처음 사랑을 시작하는 연인처럼 따스하고 찬찬하게 나를 알아가며 더 나은 인생을 만들어가고자 했다. 나를 돌보고 나만의 힘을 기르는 것이 모든 문제의 해결책임을 깨달았기 때문이었다.

엄마나 아내가 아니라 오롯이 '나'로 존재할 수 있는 혼자만의 시간을 확보하려고 여러 가지 방법을 시도해보았다. 그러나 맡은 역할들을 수행하기에도 바빠 따로 시간을 내기가 쉽지 않았다. 저녁 식사 후에 루틴을 만들어보려고 했지만, 번번이 예상 밖의 변수들이 생겨났다. 꾸준히 일정한 시간을 쓸 수가 없었다. 집에서 가족들과 함께하기에 나만의 시간을 갖겠다고 하는 것은 미안하고 불편했다. 아이를 재우고 나서 밤에 나만의 시간을 가져보기도 했다. 하지만 밤에는 남편과 영화를 보거나 이야기를 하게 되는 경우가 많았고, 혼자만의 시간을 가지더라도 졸음이 쏟아지는 날들이 허다했다. 결국 내가 찾은 답은 새벽이었다.

왜 꼭 새벽이어야만 하는가

코로나19 발생 이후 요즘은 많은 엄마가 새벽 시간을 활용하고 있다. 자녀 돌봄 시간이 많아지면서 혼자 있는 시간이 부족해진 엄마들이 새벽에 일어나 자신만의 시간으로 활용한다.

나를 비롯한 엄마들은 왜 새벽 시간을 활용하는 것일까? 밤이나 낮이 아니고, 새벽을 선택한 나의 이유는 다음과 같다.

첫째, 방해를 받지 않는 시간이다. 일상생활에서 혼자만의 시간을 매일, 꾸준히, 규칙적으로 게다가 2시간씩 통으로 덜어내기 쉽지 않다. 낮의 생활은 다양한 변수가 존재하기 때문이다. 그러나 새벽 시간은 대부분 사람이 잠들어 있다. 가족들도 꿈나라에 있어 내가 필요하지 않은 시간이다. 전화를 받을 일도 없다. 누구의 방해도 받지 않는다.

둘째, 나를 들여다보기 가장 좋은 시간이다. 저녁 시간에는 때론 센티멘털한 감성에 젖어 울적해지기도 하지만 아침은 그렇지 않다. 밤에 쓴 연애편지는 아침에 보면 오글거리는 경우가 있다. 작가들도 퇴고는 아침이나 낮에 하는 것을 추천한다. 새벽은 나를 객관적으로 바라보기에 최적의 시간이다. 따뜻한 호기심으로 전날 내가 저지른 실수를 반추하고 교훈을 얻기에도 좋다. 진취

적이고, 희망찬 시각으로 개선 방법을 찾아나갈 수 있다.

셋째, 같은 일을 해도 집중력이 높다. 자고 일어난 다음이라 머리가 맑다. 나의 비전을 시각화하거나, 명상할 때도 훨씬 몰입하기 쉽다. 공부도 독서도 내용이 잘 들어온다. 여러 뇌과학 연구들이 그 사실을 증명하고 있다. 머릿속에 정리되지 않은 채 가득 찬 하루의 기억들이 잠을 자는 동안 뇌에서 통일성 있게 정리된다고 한다. 그래서 아침의 뇌는 깔끔하게 정돈된 상태라는 것이다. 실제로 내가 2021년 1월에 한국사능력검정시험 1급을 준비하는 한 달간 그 말을 실감했다. 새벽 1시간 동안 공부한 내용이 저녁 2시간 공부한 내용보다 훨씬 더 많았고, 더 잘 기억되었다.

넷째, 새롭게 태어나는 '시작' 시간이다. 어제 죽은 이들이 그토록 간절하게 원했던 내일을 시작하는 것이다. 아무 탈 없이 건강하게 눈을 뜬 것만으로 감사해지는 시간이다. 차분하고 평화롭다. 어제 아무리 힘들었다고 해도 자고 일어나면 뭐든 다시 시작할 수 있을 것 같다. 일찍 일어나는 새들과 함께 하루를 여는 느낌이 뿌듯하다. 하루의 시작을 나를 위해 쓰면 남은 하루에도 긍정적 영향을 미친다.

다섯째, 마감 시간이 확실히 정해져 있다. 엄마이기 때문에 가족들의 아침 식사 준비도 해야 하고, 출근 준비도 해야 한다. 그래서 아무리 늦어도 6시 반에서 7시 사이에는 루틴을 끝내야 한다. 그러므로 맘에 들든, 맘에 들지 않든 정해진 시간 안에 마무리해야 한다. 정해진 마감 시간이 있다는 것이 나를 더 채찍질하게 만들고, 지금 하는 활동에 더 몰입하게 한다.

여섯째, 아이를 키우는 엄마의 생활 리듬에 적절하다. 아이가 자기 전에 침대에서 책을 읽어주거나 같이 누워서 이야기를 나누다보면 부모도 스르르 잠이 오게 마련이다. 일찍 자는 생활 방식을 만들고 나면, 새벽에 일어나도 적정 수면 시간을 충분히 채울 수 있다. 내가 만약 밤늦게까지 일을 해야 하는 직업이었다면 새벽 시간을 확보하기는 어려웠을 것이다.

점점 더 산만해지는 세상 속에서 중심을 잃지 않으려면 '고독의 시간'을 통해 집중력을 기르는 습관이 필요하다. 집중력이 높아지면 일의 능률도 오르고, 삶의 만족도도 높아진다. 그래서 세계 최고 리더들의 일상에는 '고독의 시간'이 꼭 들어가 있다. 그런 시간은 엄마에게도 꼭 필요하다. 엄마가 아닌 '나'로 존재하는 시간, 내가 주도하는 시간을 꾸준히 가지면 내가 주도하는 인생을 만들어갈 수 있다.

일상을 조금씩 조정하여 일찍 자고 일찍 일어난다면, 새벽에 나만의 시간을 만드는 것은 그리 어렵지 않다. 꼭 2시간이 아니더라도 괜찮다. 단 10분 만이라도 아침에 조용히 나를 마주하는 시간을 규칙적으로 만들어보자. 아마도 자연스럽게 그 시간을 늘리고 싶어질 것이다.

변화와 성장이라는 두 마리 토끼를 잡는 데
새벽만큼 좋은 때는 없다

최근 각 언론 매체의 뉴스에 따르면 '전 국민 주식투자 시대'라고 부를 정도로 주식투자가 대세라고 한다. 20대와 30대에서 특히 이런 열풍이 두드러지며, 한편으로는 주택가격 급등으로 자본소득에 대한 동경이 높아지면서 주식과 더불어 부동산 투자에도 많은 사람이 열을 올리고 있다고 한다.

그러나 나는 투자 방법 중 단연 최고의 투자는 바로 '자기 투자'가 아닐까 생각한다. 나의 가치를 높일 수 있는 것에 투자하는 것이다. 나를 위한답시고 분수에 맞지 않는 명품을 무리해서 사거나, 좋은 차로 바꾸는 것처럼 겉치레에 투자하는 것이 아니다. 올바른 자기 투자는 나를 위해 시간을 투자하거나, 새로운 배움에 투자하는 것이다. 나는 그런 '자기계발 투자'가 주식투자나 부동산 투자보다 장기적으로 수익률이 더 높고 위험도는 매우 낮다고 본다.《미라클 모닝》의 저자 할 엘로드도 자신에 대한 투자법을 제대로 아는 사람이 투자수익을 극대화할 수 있다고 강조했다.

최고의 투자는 나를 위한 새벽 시간의 투자다

────────────────────────────── 흔히들 자기 그릇의 크기를 키워야 더 많은 부를 담을 수 있다고 말한다. 그러나 그릇의 크기를 키우는 것에 앞서 내 그릇의 고유한 특성을 관찰하고 알아내는 것부터 해야 하지 않을까. 사실 나는 성물을 담는 그릇인데, 스스로 깨진 화분이라고 치부했을지도 모른다. 그러므로 나의 특성과 잠재력을 일깨우는 자기계발 투자는 누구에게나 꼭 필요하다. 자기계발 투자를 통해 자기 그릇의 활용법을 알고, 그 잠재적 크기도 키울 수 있다고 생각한다.

새벽 시간에 진정한 자기계발 투자를 해보자. 세계적으로 유명한 동기부여 전문가인 앤드류 매튜스는 "새벽에 일어나서 운동도 하고 공부도 하고 사람들을 사귀면서 최대한으로 노력하는 데 인생에서 좋은 일이 전혀 일어나지 않는다고 말하는 사람을 나는 여태 본 적이 없다"라고 말했다. 새벽 시간을 활용하여 꿈을 이루고 인생을 변화시킨 사람들은 수없이 많다. 나의 삶도 변화와 성장이 진행 중이고, 당신도 그런 사람 중 한 명이 될 수 있다.

미국으로 이민한 한국인 중 가장 성공한 10대 사업가로 선정된 한 스노우폭스 김승호 회장은 그의 저서 《생각의 비밀》에서 자신의 성공비결 중 하나로 새벽 기상을 강조했다. "하루에 두 번 6시를 만나는 사람이 세상을 지배한다. 해가 오를 때 일어나지 않는 사람들은 하루가 해 아래 지배에 들어갈 때의 장엄한 기운을 결코 배울 수 없다"라고 표현했다.

《매일 하루 한 줄 아이를 위한 인문학》등 출간하는 책마다 많은 독자들의 사랑을 받는 김종원 작가는 매일 새벽 3시에 기상한다고 한다. 아무리 바쁜 일이 있어도, 심지어 암에 걸렸다는 의사의 진단을 받은 날에도 매일 원고지 50매 글 쓰는 루틴을 거르지 않았다고 한다. 그런 새벽의 시간이 모여 수많은 보물 같은 책들을 출간한 것이 아닐까?

월트 디즈니의 시가총액을 무려 다섯 배 이상 늘린 CEO, 로

버트 아이거도 새벽 기상을 꾸준히 해왔다고 자서전에서 밝히고 있다. 노동자 동네에서 출생해 무명 대학을 졸업한 그가 성공할 수 있었던 비결은 무엇일까? 그의 자서전《디즈니만이 하는 것》을 읽어보면, 매일 새벽 4시 15분에 일어나 자신만의 루틴을 지켜오고 있다고 한다. 그가 일찍 일어나는 이유는 하루 과업을 수행하기 전에 사색하고 독서하고 운동할 시간을 갖기 위해서다. 그 시간 덕분에 자신의 생산성과 창의성을 유지할 수 있었다고 고백한다. 그 밖에도 애플의 최고경영자 팀 쿡, 스타벅스 회장인 하워드 슐츠, 버락 오바마, 벤저민 프랭클린, 마거릿 대처 등 세계적 리더 중에는 새벽 시간을 활용한 사람들이 무수히 많다.

내 안에 잠든 거인을 깨우는 시간

─────────────────── 새벽에 '오로지 나 자신을 위해 쓰는 시간'을 확보하여 인생을 가꿔나간 수많은 사람을 보며 나도 그런 꿈을 꾸었다. 다만 나는 성공하기보다는 성장하고 싶었다. 돈이 되는 일을 찾기보다는 진정한 '나'를 찾고 싶었다. 구체적인 성과를 남들에게 증명하는 삶에 지쳐 있었다. 인생의 허무함을 극복하고 싶었다. 나를 돌보며 채운 힘으로 자녀를 잘 키우고 싶었다.

나는 새벽 시간에 나의 자아를 파헤치고 내 속에 있는 것이 무엇인지 끄집어냈다. 어떻게 사는 것이 의미 있는 삶인지, 나는 무엇을 남기고 죽을 것인지 생각했다. 극변하는 시대를 살아갈 아이에게도 변하지 않는 본질을 깨우치도록 양육하고 싶었다. 주변에서 흔히 듣는 학부모들의 사교육 이야기에도 흔들리지 않고 내 중심을 잡을 수 있게 깨어 있는 엄마가 되고 싶었다. 그러려면 엄마 내면의 성장이 우선이었다. 매일 어제보다 발전한 내가 되기를 꿈꾸며 시나브로 성장하더라도 조급해하지 않았다. 남들과 비교하지 않고, 오직 나의 과거와만 비교하겠다고 마음먹었다.

그렇게 꾸준히 새벽 시간을 활용해온 지 벌써 2년이 넘어간다. 앞에 언급한 많은 인물이 그랬던 것처럼 내 인생에서도 많은 변화와 성장이 있었다. 그 시간을 어떻게 만들고 활용했는지 지금부터 이야기해보려고 한다.

아침형 인간의 대명사 사이쇼 히로시는 "뇌세포가 활성화되는 이른 아침의 1시간은 낮이나 밤의 3시간에 맞먹는다"라고 말했다. 새벽 2시간이 1년 모이면 무려 730시간이다. 어떤 일이든 730시간을 온전히 집중할 수 있다면, 그 분야에서 지대한 성장을 이룰 수 있다. 무엇이든 간에 당신이 원하는 꿈을 위한 일을

새벽 시간에 꾸준히 해보자. '오로지 나 자신을 위해 쓰는 시간'
을 보내며 어제보다 성장한 오늘의 내 모습을 기쁘게 바라보자.
내 안에 잠든 거인을 깨우는 시간, 바로 새벽 2시간이다.

2장

새벽 2시간을
온전히 나의 것으로
만드는 원칙

집 안에 엄마만의
아지트를 만들자

나의 엄마가 그러하셨듯이, 나도 엄마가 되고 나니 언제부턴가 나보다 가족을 먼저 챙겼다. 내가 사고 싶고, 하고 싶은 것을 조금 참고 아끼면 가족들 것을 해줄 수 있다는 마음이 들어서다. 그러다보니 점점 나의 필요는 후순위로 밀려났다. 집 안의 공간 활용에서도 마찬가지였다. 아이와 남편의 공간은 마련해주었지만, 결혼생활 10년이 다 되도록 나의 공간은 없었다.

나만의 공간이 필요하다

─────────────── 집에는 가족이 다 함께 모여 있는 공간

도 필요하지만, 각자가 홀로 집중할 수 있는 공간도 필요하다. 특히 집에서 보내는 시간이 가장 많은 엄마는 자신만의 공간이 꼭 있어야 한다고 생각한다.

새벽 시간을 잘 활용하기 위해서는 무엇보다 공간의 질을 높여야 한다. 《콰이어트》의 저자 수전 케인도 업무의 생산성을 높이기 위해서는 협업할 수 있는 공간뿐 아니라, 개인이 집중해서 혼자 일하는 공간을 마련해주어야 한다고 말한다. 버지니아 울프도 《자기만의 방》에서 여성이 글을 쓰기 위해서는 '500파운드의 돈'과 '자신만의 방'이 꼭 있어야 한다고 말하며 개인적 공간의 필요성을 강조했다. 《아주 작은 습관의 힘》에서는 모든 습관이 자기 구역을 가지고 있다고 이야기한다. 목적에 맞게 설계된 공간이 있으면 습관이 쉽게 형성된다는 것이다. 공간을 따로 쓸 수 없다면 책 읽는 의자, 글 쓰는 책상, 밥 먹는 식탁과 같이 한 공간 안에서도 영역을 나누라고 할 정도다. 새벽 습관을 잘 들이고, 온전히 한곳에 주의를 집중할 수 있으려면 자신만의 공간이 꼭 필요하다.

나만의 공간을 만들어야겠다고 처음 생각하게 된 것은 코로나 19가 유행하기 시작했을 때다. 감염에 대한 두려움 때문에 잠깐의 외출조차도 꺼리던 시기였다. 종일 집에만 있는 날들이 많아지면서 주거 공간을 재구성하고 싶은 욕구가 커졌다. 그 마음을 잘 반영한 TV 프로그램 〈신박한 정리〉를 애청했다. 매주 아들과 함께 그 프로그램을 보며 '어떻게 하면 우리 집도 저렇게 잘 활용할 수 있을까?' 고민했다. 아이디어가 떠오르면 아들과 함께 집 안 곳곳을 재정비하며 시간을 보냈다. 〈신박한 정리〉에서 죽어 있던 공간을 살리고, 각각의 공간을 목적에 맞게 활용하는 방법들이 인상적이었다. 하지만 엄마의 공간이 늘 주방으로 귀결되는 것이 아쉬웠다. 요리를 좋아하는 엄마라면 주방을 자신만의 작업공간으로 여길 수도 있다. 하지만 나처럼 요리를 즐기는 편이 아닌 엄마라면 주방의 공간을 아무리 정돈한다 한들 그렇게 느껴지진 않을 것이다.

나는 주방이나 거실에서 무언가에 집중하려고 하면 눈에 보이는 집안일부터 먼저 해결하고 싶어졌다. 자꾸 다른 일들이 떠올랐다. 또 가족들이 왔다 갔다 하니 주의가 산만했다. 결국 몰입할 수 있는 환경을 찾아 집 밖 카페에 자리 잡게 되었다.

집 안을 비우고 정리하다보니 우리 집에도 곳곳에 작은 공간들이 생겼다. 그렇지만 내 방을 만들 수는 없었다. 방 세 개의 평범한 아파트 구조인 우리 집은 안방 침실, 아이 방, TV 방으로 각자의 역할을 하고 있었다. TV 방은 이미 남편의 공간으로 꾸며둔 상태였다. 끊임없이 내 공간을 만들 궁리를 하다보니 어느 날 번뜩 하고 머릿속에 떠오르는 공간이 있었다. 안방 화장실과 연결된 드레스룸이었다. 옷장은 이미 안방에 놓여 있었기 때문에 드레스룸의 짐을 비우는 것은 어렵지 않았다. 그 공간에 책상과 책장을 놓았다. 비록 화장실 문 앞인 데다 1~2평 정도의 좁은 공간이긴 하지만, 결혼 후 처음으로 나만의 공간이 생겼다는 사실에 뛸 듯이 기뻤다.

나만의 아지트는 설레는 것들로만

———————————————— 집 안에 나만의 공간을 마련한 후에는 내가 좋아하는 것, 보면 설레는 것들로만 그곳을 채웠다. 단, 몰입에 방해가 되는 것들은 비웠다. 책상 앞에는 큰 보드를 놓고, 동기부여가 되는 것들을 붙여놓았다. 먼저, 아이가 나의 닉네임을 형상화해 그려준 '오감나비' 그림을 붙였다. 그것은 아이에게 부끄럽지 않은 엄마가 되고 싶은 마음을 일깨워준다. 또한 새벽 기상을 시작할 때의 절박했던 심정을 떠올리는 장치이기도 하다. 나비 그림을 보고 있자면 초심이 되살아난다. 나

의 묘비명을 끄적여놓은 메모도 있다. 구본형 작가의 《익숙한 것과의 결별》을 읽고 나서 쓴 메모인데, '꿈을 실현하고 자신을 극복하는 모습을 삶으로 보여준 사람, 우리가 그렇게 살 수 있도록 돕다간 사람'이라고 적어두었다. 묘비명은 후회 없는 삶을 살도록 다짐하게 해준다. 비전보드와 나만의 긍정 주문, 느낌말과 가치 목록도 붙어 있다. 느낌말 목록과 가치 목록은 나를 관찰할 때 유용하다. 하고 싶은 것이 생길 때마다 끄적인 목록도 붙어 있다. 책을 쓰겠다고 마음먹고 나서는 내가 상상한 책 표지도 만들어 붙여두었다. 초고 목차도 붙여놓고 새벽에 한 꼭지를 완성할 때마다 줄을 그으며 성취감을 느꼈다. 월별, 분기별 목표를 붙여놓기도 한다.

책상에 앉아서 보드를 둘러보기만 해도 꿈을 이룬 상상을 절로 하게 되고, 설렌다. 거기에다 좋아하는 향기의 디퓨저를 놓아도 좋고, 좋아하는 화가의 그림을 붙여두어도 좋다. 나는 좋아하는 향의 비누를 놓기도 했다. 은은한 향이 나서 좋다. 또 구스타프 클림트와 프리다 칼로를 좋아해서 그 화가들의 그림을 걸어놓기도 했다. 단, 액자의 그림은 집중하는 데 방해되지 않도록 시선 밖에 걸었고, 휴대전화는 언제나 책상에서 잠시 떨어뜨려 놓는다. 그 외에도 몰입에 방해가 되는 것들이 있다면 점검해서 비우는 것이 좋다.

　기분 좋은 나만의 아지트를 만들고 나니 그 공간에 대한 애착이 생겼다. 틈새 시간에도 자주 책상 앞에 앉아 책을 읽었다. 그러자 아이도 그 모습을 따라 했다. 내 책상에 의자를 하나 더 들고 와서는, 내 옆에 앉아서 노트에 자기 생각을 끄적이고 책을 읽었다. 거실에도 큰 테이블과 의자가 있으니 거기서 읽어도 될 법한데, 굳이 좁은 내 공간에 들어와서 같이 책을 읽는 것이었다. 내 아지트를 부러워하는 아들을 위해 아들 방에도 책상을 마련해주었다. 그때부터는 아들도 자신의 아지트에서 좋아하는 것들을 하기 시작했다. 책상에 앉아서 책을 읽고, 카드 마술을 연습하기도 하고, 종이접기 활동에 빠져들어 몇 시간을 몰입하기도 했다. 코로나 팬데믹 이후로 온종일 아들과 같이 있으니 나만의 시간을 내기가 어려웠는데, 아들이 자기가 좋아하는 것에 몰입하는 시간이 늘어나면서 낮에도 예상치 못한 나만의 시간을 선물받기도 했다.

　나만의 아지트를 마련한 덕분에 새벽 기상을 꾸준히 할 수 있었다고 해도 과언이 아니다. 적어도 그 공간 안에서만큼은 오롯이 내 세상이다. 새로운 에너지를 충전하는 나만의 비밀장소이자, 나만의 꿈꾸는 우주다. 일상과 분리된 호젓한 공간, 설레는 꿈과 함께 내면을 돌아볼 수 있는 집중의 공간이 엄마에게는 꼭 필요하다. 같은 시간을 투자하더라도 어떤 공간에서 집중하느냐에 따라 몰입의 질이 달라진다. 집 안에 나만의 아지트를 꼭 만들자.

무엇이 달콤한 이불을
박차고 나오게 하는가?

누군가의 모습이 멋져 보여 따라 해본 적이 있는가? 동생이 입은 옷이 예뻐 보여서 내가 빌려 입어본 적이 있다. 그렇지만 입어보고 나니 내 체형에는 안 어울린다고 느껴져서 바로 벗어 주었다. 연예인이 춤을 추는 모습이 멋있어 보여서 열심히 따라 하며 배워본 적이 있다. 그렇지만 원체 뻣뻣한 몸인지라 아무리 연습해도 그들처럼 멋진 자세가 나오지 않았고, 금세 흥미를 잃어 그만두었다.

2018년 처음 새벽 기상을 할 때도 그랬다. 남들이 좋다고 하니 나에게도 좋을 것 같아 시작했다. 몇 달간 지속했지만, 결국 고배를 마셨다. 2020년 다시 새벽 기상을 시작할 때도 구체적인 계획이 없었다. 막연히 다르게 살아보고 싶다는 다짐만으로 시작했기에 책상에 앉으면 다시 자고 싶어졌다. 책을 읽고 있으면 침대가 나를 끌어당기는 느낌이 들었다. 그 시간을 반복하며 깨달은 것이 있다. 매일 달콤한 이불을 박차고 일어나기 위해서는 몇 가지 갖추어야 할 것들이 있다는 것이다.

새벽 기상을 해내기 위해 갖추어야 할 것

첫 번째로, '왜 새벽에 일어나야 하는가'에 대한 이유가 분명해야 한다. '요즘 대세라서, 남들이 다 하니까, 뒤처지는 것 같아서' 이런 이유라면 그만두는 것이 낫다. 타인과의 비교, 사회적 시선 때문에 시작한 것은 꾸준히 할 수 없다. 잠깐 흉내만 내다 그만둘 것이 불 보듯 뻔하다. '나만의 시간이 간절해서', '지금까지와는 다른 삶을 살아보고 싶어서', '새벽에 하는 공부가 집중이 잘 돼서', '나다운 일을 찾고 싶어서' 등 자신만의 당위성을 찾아야 한다. 그것이 기본바탕이다. 무엇을 하기 위해 새벽을 깨워야 하는지, 지금 그것이 나에게 왜 중요한지 물어보자. 내 안에서부터 비롯된 이유가 있어야만 강인한 의지로 새벽을 깨울 수 있다.

두 번째로, 자신만의 목적이 분명해야 한다. 새벽에 일어나 시간을 확보했다면, 그 시간에 무엇을 하는 것이 가장 나에게 도움이 되고 만족스러울지 생각해보아야 한다. 새벽에는 가슴 뛰는 일을 하자. 당신의 마음속에도 뜨겁고 설레는 꿈이 잠자고 있는가? 강요받은 꿈이 아니라, 내 안에서 끝없이 움트는 꿈을 찾아 새벽에 작은 시작을 해보자.

처음부터 가슴 뛰는 일을 찾기 어려울 수 있다. 나 또한 그랬기에 새벽 기상 습관을 다져가는 초반에는 '설레는 루틴'을 만드는 것에 집중했다. 새벽에 할 일을 상상하며 기분 좋게 잠들면 다음 날 눈을 뜰 때부터 기대가 된다. 몰입도가 높은 새벽 독서의 매력과 명상의 평화로움, 감사일기를 쓰거나 필사할 때 느끼는 만년필의 서걱거림이 나를 설레게 했다. 그것들을 온전히 느낄 때 뇌의 연결 회로가 새로 만들어지고 있다는 생각에 뿌듯했다. 그렇게 자신에게 설렘과 호기심을 불러일으키는 일을 해야 한다. 그래야 아주 작은 성과일지라도 만족감과 자신감이 더 크게 와닿는다. 그림을 그리든, 글을 쓰든, 필사나 캘리그래피를 하든 뭐든 좋다. 다양한 것을 시도해보며 최적의 루틴을 찾아가면 된다.

앞에서 말한 자신만의 이유와 목적이 확실해도 중간에 그만두고 싶거나 '내가 무엇을 위해 이토록 애쓰고 있는가?' 다시 자문할 때가 온다. 그럴 때는 지금 하는 일의 궁극적인 의미를 떠올리자. 내가 만들고 싶은 정체성을 쌓는 시간이고, 지성과 감성과 태도를 축적하는 시간이라고. 나는 이 활동들을 통해 진정 어떤 사람이 되고 싶은지 상상했다. '상처를 치유하고 자유로워진 나의 모습', '좋아하는 일을 하며 행복한 모습', '내가 주도해가는 인생을 사는 모습'을 상상했다. 그 꿈을 위해 오늘도 새벽 시간을 충실하게 보내자고 다짐했다.

목적과 의미를 분명히 인지하고 꾸준히 해나갈 때 내면이 성장하고, 나아가 새로운 비전도 보이기 시작한다. 글을 쓰는 것도, 책을 펴내는 것도 새벽 시간을 만들기 전에는 꿈꾸지 못했던 일이었다. 나는 새로운 꿈을 찾았고, 꿈을 현실로 만들어가고 있다.

노력한 나에게 줄 보상을 마련하기

───────────────── 수고에 대한 나만의 보상을 만들어야 한다. 일본의 뇌과학자인 모기 겐이치로는 아침에 초콜릿을 먹는다고 한다. 보상이 뇌의 의욕을 높여준다는 것이다. 단것으로 인한 도파민 분비가 늘어나면서 쾌감 보상시스템이 작

동하게 만든다고 원리를 설명했다. 나는 전부터 아침에 카페라테 즐겨 마셨기에, 새벽 2시간 루틴을 끝낸 보상으로 나에게 카페라테 한잔을 선물했다. 습관이 자리 잡지 않아 힘들었던 초반에도, 이 시간을 마무리하고 카페라테를 마실 기대에 기분이 좋아졌다.

무엇보다도 좋은 보상은 긍정의 에너지를 주는 새벽 시간 그 자체다. 새벽 시간에 내가 하는 일들을 통해 얻는 지혜, 깨달음, 활기와 평화. 다 마친 뒤에 오는 성취감과 만족감도 마찬가지다. 관찰, 명상, 비전 시각화, 긍정 확언, 독서, 글쓰기 등 하루를 희망차게 시작하고 마음의 평안을 주는 활동을 새벽에 꼭 실천하자. 그 감정을 다시 느끼기 위해 매일 새벽을 깨운다. 내가 하는 것에 몰입하여 지금의 순간을 깊게 누리는 경험이야말로 최고의 보상이다.

우리에게는 충동을 이겨낼 기회가 있다

———————————————————— 알람 소리를 들으면 알람을 끄기 전에 반드시 몸을 일으켜야 한다. 처음에는 매일 새벽 알람을 끄는 찰나의 순간에도 갈등했다. '일어날 것인가, 그냥 더 잘 것인가?'

자고 싶다는 생각에 매몰되는 순간 실패할 가능성이 크다. 그러나 우리 모두에게는 그 충동을 이겨낼 기회가 있다. 바로 우리의 자각과 행동 사이 잠깐의 찰나이다. 충동을 느끼는 시간과 실제 그 충동을 행동하는 시간 사이에는 0.25초의 간격이 있다는 사실을 알고 있는가? 신경 외과의인 벤저민 리벳이 뇌의 활동을 분석하여 처음 발견했다고 한다. 모든 인식의 순간에는 우리가 선택할 수 있는 '4분의 1초'의 기회가 늘 있다. 더 자고 싶은 충동을 느끼고 그 충동을 따라갈 것인지, 충동을 이겨낼 것인지는 그 순간 나의 선택에 달려 있다.

초반에는 책상에 앉은 다음에도 계속 더 자고 싶다는 생각이 드는 날이 많았다. '그냥 오늘은 포기할까?' 묻기도 했다. 그런 상황을 반복하면서 여러 가지 시도를 해보았다. 일단 세수하고, 그래도 잠이 안 깬다면 양치를 한다. 그 후, 물을 마신다. 이 순서대로 하고 나면 어느 정도 정신이 맑아졌다.

달콤한 이불을 박차고 나오기 위해 무엇보다 중요한 것은 습관이 될 때까지 버티는 것이다. 보통 사람의 습관이 완성되는 데 평균적으로는 66일이 걸린다고 한다. 66일은 평균일 뿐 개인차에 따라 더 적게 걸릴 수도, 더 오래 걸릴 수도 있다. 포기하고 싫어도 계속해야 한다. 더 자고 싶을 때마다 앤드류 카네기의 다음 말을 떠올리자.

"아침잠은 인생에서 가장 큰 지출이다."

새벽을 위해
올빼미형 습관은 포기하세요

우리가 평소에도 충분한 잠을 자지 못하고 살기 때문에 아침이 설레지 않는 것은 아닐까? '세상에서 가장 무거운 것은 눈꺼풀'이라는 말이 있듯이 아무리 강인한 정신력을 가진 사람이라도 잠을 이기기는 힘들다. 지금도 수면 시간이 부족한데, 더 줄여서 새벽에 일어날 수는 없다. 충분히 자고 일어나야 새벽에도 맑은 정신으로 집중할 수 있다.

폴란드 야기에우워대학 연구진의 2021년 발표내용에 따르면, 10일간 수면 시간을 단 2시간만 줄여도 이전의 상태로 회복되는 데 7일 이상의 시간이 걸린다고 한다. 더 심각한 문제는 감각적,

인지적 자극에 대한 뇌의 반응을 분석하는 ERP 검사를 해보니 7일이 지나도 뇌가 정상적인 수준으로 돌아오지 않았다는 것이다. 만성 수면 부족 상태가 집중력 저하와 인지도 하락의 변화를 불러오고, 그것이 예상보다 훨씬 오래 지속될 수 있다. 펜실베이니아 대학의 한 연구에서는 2주간 6시간밖에 자지 않는 사람은 2일간 밤을 새우고 일하는 것과 같은 수준의 집중력 저하가 온다는 사실을 밝혀내기도 했다. 수면 시간 부족은 뇌에서 노폐물을 제거하고 청소하는 시간의 부족으로 이어져 알츠하이머 발병을 불러올 수 있다는 연구 결과도 있다.

나의 적정 수면 시간 파악하기

———————————— 새벽을 깨우기 위해 무엇보다 중요한 것이 자신의 적정 수면 시간을 파악하고 그 시간을 유지하는 것이다. 국제 수면 학회에서 권장하는 성인의 적정 수면 시간은 7시간 30분이다. 그러나 사람의 특성마다, 또 연령대에 따라 다를 수 있으므로 직접 파악해보면 좋다. 잠드는 시각과 알람이 울리지 않아도 저절로 아침에 눈이 떠지는 시각을 며칠간 점검해 수면 시간을 계산하면 자신의 적정 수면 시간을 알 수 있다.

나는 적정 수면 시간에 대한 체크 없이 평소 생활 습관을 그

대로 유지한 채 기상 시각만 앞당겼다. 새벽 기상을 하겠다고 수면 시간을 줄였더니 오히려 역효과만 낳았다. 잠이 쏟아져서 낮에 일상생활을 할 수가 없었다. 저녁 식사 이후에는 거의 좀비나 다름없었다. 그제야 나의 적정 수면 시간이 몇 시간인지 파악하기 시작했다. 평소에는 8시간은 자야 최상의 컨디션을 유지했다. 그러나 수면의 질을 높이고, 수면 시간을 조금씩 줄여보았더니 7시간만 자도 일상생활에 무리가 없었다. 너무 잠이 쏟아지는 날은 잠깐씩 낮잠을 잤다. 욕심을 부려 수면 시간을 7시간에서 조금 더 줄여보았더니 바로 탈이 났다. 온종일 두통에 시달리거나 기력이 없고, 짜증과 우울 등 불편한 감정에 쉽게 휩싸였다. 부득이하게 7시간 이하로 밤잠을 잔 날은 오후에 잠깐이라도 낮잠 시간을 가졌다.

서파 수면 시간 늘리기

_____ 적정 수면 시간을 파악했다면 수면의 질을 높이는 데에도 힘쓴다. 나는 새벽 기상을 해오면서 수면 시간을 8시간에서 7시간으로 1시간 줄였지만, 시작할 때부터 수면 시간을 줄이는 것은 무리다. 7시간을 자도 일상에 무리가 없었던 이유는 수면의 질을 높였기 때문이라고 생각한다. 수면의 질

을 높이기 위해 베개도 여러 번 바꾸었다.

수면의 질을 높이기 위해서는 아무리 늦어도 11시 이전에 잠이 들어야 한다. 그 이유는 '서파 수면 시간' 때문이다. 잠을 자는 동안에는 깊은 수면을 의미하는 비렘 수면 중에 '서파 수면'이라는 단계가 있다. 서파 수면 시간 비중이 늘어나면 수면의 질이 높아지고 기억도 잘하게 된다고 한다. 보통 잠이 들고 나서 50분이 지나야 서파 수면 단계에 들어갈 수 있으므로 아무리 늦어도 11시에는 잠이 드는 것이 좋다. 일반적으로 서파 수면 시간대는 대략 12시에서 새벽 3시까지라고 한다.

이향운 이대 서울병원 수면센터장(신경과 교수)은 "서파 수면기에 우리 몸은 면역에 필요한 단백질을 만든다. 서파 수면기를 지나면 렘수면기라고 해서 비교적 얕은 잠을 잔다. 그래서 밤 12~3시에는 잠을 자야 면역력 증강에 도움이 된다"라고 조언했다. 이 수면 단계에서는 몸에 해로운 대사성 폐기물을 씻어내어 치매도 예방할 수 있다는 연구 결과도 발표되었다.

미국 미시간주립대학 수면 및 학습 연구소의 연구 결과에 따르면, 낮잠으로 수면 부족을 채운 그룹보다 밤잠을 잘 잔 그룹의 인지검사 결과가 높았다. 밤잠을 설쳤을 때 낮잠을 자더라도 서파 수면을 대체할 수는 없는 것이다. 적정 수면 시간을 유지하고, 서파 수면 시간을 늘리는 것이 무엇보다 중요하겠다.

올바른 저녁 루틴 만들기

———————————————— 수면의 질을 높이기 위해서는 중요한
것이 몇 가지 더 있다.

저녁에 커피나 술을 마시는 것도 지양한다. 예전에는 저녁에
도 가끔 커피를 마셨다. 그런 날은 잠드는 데 시간이 오래 걸리
고, 자는 중에도 자주 깼다. 아침에도 개운하지 않았다. 그 차이
를 느끼고 나서부터는 아무리 늦어도 오후 3시 이후부터는 커피
를 마시는 것을 자제했다. 하루 마시는 커피의 양도 줄였다. 수
면의 질을 높이기 위해서는 카페인의 총량을 줄이는 것도 꼭 필
요하다.

야식 습관도 완전히 끊었다. 예전에는 아이를 재우고 나서 남
편과 함께 치맥을 먹으며 영화를 보고 새벽에 잠이 들기도 했다.
이제는 치맥 대신 차를 마시며 이야기한다. 야식을 먹을 경우,
소화기관의 활발한 활동으로 혈액이 위장에 쏠려 다른 부위의
신진대사가 방해를 받는다고 한다. 또, 숙면 호르몬 멜라토닌이
분비되지 않아 잠을 얕게 자고, 누운 자세에서 위산 역류가 촉진
돼 피로감이 커질 수 있다. 새벽에 몸의 감각을 관찰하다보니 전

날에 무엇을 하고 먹었느냐에 따른 차이를 느껴 더 주의한다.

잠들기 한두 시간 전부터는 영상 보는 것도 피한다. 아이를 위해서이기도, 나와 남편을 위해서이기도 하다. 되도록 TV나 핸드폰을 안 보려고 노력한다. 핸드폰을 불가피하게 볼 때는 블루라이트를 차단해놓은 상태로 본다. 스크린의 자극들이 뇌를 각성 상태로 만들어 숙면을 방해하기 때문이다. 가능하면 저녁 식사 후에는 아이와 보드게임을 하거나 책을 읽는다. 저녁 루틴을 어떻게 보내느냐에 따라 침대에 누워 잠이 들기까지 걸리는 시간이 차이가 났다.

새벽 시간을 최대한으로 잘 활용하고, 꾸준히 유지하기 위해서는 올빼미형 습관과 이별해야 한다. 상쾌한 새벽 맞이는 수면의 질을 높이는 저녁 시간을 만드는 것부터 시작된다. 올빼미형 습관을 끊는 것이 몸과 정신의 건강을 모두 지킬 수 있는 방법이라는 것을 잊지 말자.

거북이처럼 천천히
몸을 적응시키는 방법

남들보다 뒤처진다는 생각에 불안했던 경험이 누구나 한 번쯤은 있을 것이다. 특히 엄마들은 자녀가 다른 아이들보다 뒤처질까봐 조바심을 내고 불안해한다. 그런 마음이 들 때마다 내가 떠올리는 말이 있다. "인생은 속도가 아니라 방향이다"라고 했던 괴테의 말이다. 불안해질 때, 내가 지금 방향을 제대로 잡은 것이 맞는지 자문한다. 방향을 잘 잡고 있다면 느린 것은 중요하지 않다고 스스로 되뇐다. "어느 항로를 향해 방향키를 돌려야 하는지 모른다면 그 어떤 바람도 도움이 되지 않는다"는 세네카의 말을 곱씹는다. 삶에서 내가 가야 할 방향을 확실히 알고 있는 것은 더없이 중요하다.

　새벽 습관을 만들어가는 것도 같은 이치다. 내가 변화하겠다고 마음먹었다면, 그 속도는 중요하지 않다. 느리더라도 방향을 잃지 않고 조금씩 정진하다보면 언젠가는 원하는 곳에 다다라 있을 것이다. 그러므로 조급함을 버리라고 말하고 싶다. 하루빨리 새벽 기상 습관을 잡아가겠다고 무리하기보다는 천천히 몸을 적응시켜 완전한 새벽형 인간으로 거듭나기를 응원한다. 물론 단번에 습관을 바꾸는 사람도 있을 것이다. 그러나 느려도 괜찮다. 평생 자신의 정체성으로 새벽 습관을 만들어가고자 한다면, 어제보다 조금이라도 나아지는 것에 만족할 수 있다.

생각보다 먼저 몸이 반응하게 만들라

———————————————— 새롭게 변화하겠다고 다짐해도 그것을 진짜 행동으로 옮기는 사람은 많지 않다. 그 행동을 꾸준히 지속하는 사람은 더 적다. 처음 한 번 시도해보는 것은 누구나 할 수 있다. 문제는 그것을 어떻게 지속하느냐다. 지속하기 위해서는 최대한 접근하기 쉽게 해야 한다. 너무 힘들면 오래 할 수 없다. 그러므로 목표를 아주 작게 쪼개는 것이 중요하다. 꾸준하게 반복해서 머릿속에 떠오르는 생각보다 몸이 먼저 움직

이는 '자동화 시스템'을 만들어야 한다. 그러기 위해 무엇을 해야 할까?

가장 먼저, 기상 시각을 1주일에 10분씩 천천히 앞당긴다.

평소 수면 시간을 유지하려면, 기상 시각만 앞당기는 것이 아니라 취침 시각도 함께 앞당겨야 한다. 대부분 아침에 일찍 일어나지 못하는 이유가 취침 시각을 앞당기지 못해서다. 그러므로 접근이 쉽도록 목표치를 낮추자. 나는 10분 앞당긴 시각을 일주일간 유지하며 몸이 적응할 때까지 충분한 시간을 주었다. 급하게 바꾸면 몸에 무리가 될 수 있다. 무리하면 힘들고, 힘들다고 느껴지면 그만두고 싶다는 생각이 들 수밖에. 천천히 몸을 적응시켜야 일상생활에 무리가 가지 않는다.

평소에 나는 6시 반에서 7시 사이에 일어났다. 그래서 처음에는 6시 30분, 그다음 주는 6시 20분, 이런 식으로 6시대 기상을 먼저 훈련했다. 그러고 나서 어느 정도 몸이 적응되었을 때 다시 조금씩 앞당기면서 5시에 시작하는 루틴을 만들었다. 5시에 일어나려면 취침 시각 또한 10시로 앞당겨야 했다. 새벽 시간을 더 확보하고 싶은 욕심에 4시 반까지 기상 시각을 앞당길 때는 더욱 느리게 몸을 적응시켰다. 1주일에 5분씩 기상 시각을 앞당겼다. 취침 시각은 9시 반, 아무리 늦어도 10시다. 현재는 큰 변화 없이 그 시간을 유지하고 있다.

두 번째, 주말도 빠짐없이 실천한다.

규칙적인 습관을 만들기 위해서는 주중과 주말 구분이 없어야 한다. 평일에만 일찍 일어나는 사람과 매일 일찍 일어나는 사람 중 누가 더 많이 행동을 반복할까?《아주 작은 습관의 힘》에서도 습관을 형성하는 데에는 들인 시간보다 그 습관을 실행한 횟수가 더 중요하다고 말한다. 당연히 주말에도 일찍 일어나는 사람이야말로 '새벽형 인간'이라는 정체성에 가까워질 수 있다.

주말이라고 아침잠을 늘어지게 자면 다시 평일 루틴을 실천하려고 해도 생체 시계가 오작동한다. 우리나라와 시차가 큰 나라로 해외여행을 가면 첫날 적응하는 데 굉장히 힘들다. 처음에는 낮에도 계속 졸음이 쏟아져 여행의 질이 떨어진다. 이처럼 새벽 기상도 급격한 변화를 자주 주면 혼란이 온다. 그래서 나는 주말 밤에 늦게 잠들었다고 해도 기상 시각이 되면 일단 일어나서 평소 루틴을 유지했다. 그리고 부족한 수면 시간은 낮잠으로 채우거나, 그다음 날 아주 일찍 잠자리에 들었다.

그러나 리듬이 바뀌는 상황이 부득이하게 며칠간 계속된다면 차라리 아침에 푹 자서 컨디션을 회복하는 것이 낫다. 나도 4박 5일 캠핑과 같이 몸이 무리하는 기간에는 새벽 기상을 고수하지 않고 아침잠을 푹 잤다. 컨디션이 안 좋은 날마저 반드시 할 필요는 없다. 며칠 걸리더라도 충분히 쉬고 다시 시작하라고 말하고 싶다. 잠시 쉬어도 몸에 익은 습관은 금방 돌아올 수 있다.

세 번째, 기상 시각과 한 일을 기록한다.

기록하지 않았을 때는 꾸준히 하지 못했다. 작년부터는 일어난 시각, 새벽에 하는 일의 리스트를 만들고 매일 체크했다. 해빗 트래커Habit tracker를 만들어두면 편하다. 앱을 활용할 수도 있다. 체크 표가 쌓여가며 동기부여가 되고, 작은 성공의 누적을 눈으로 확인하며 성취감을 느낀다. 처음에는 기상 시각과 해야할 일에 체크만 하다가 점차 구체적으로 숫자와 내용도 적기 시작했다. 물을 몇 잔 마셨는지, 무슨 책을 읽었는지 등등. 내가 새벽에 해야 하는 일 목록 위에 그 일이 어떤 정체성을 만들어주는지, 내 인생의 핵심 가치와 어떤 연결고리가 있는지 함께 적어두면 더 좋다. 글쓰기라는 목록 위에는 '작가'라는 꿈을 함께 적고, 명상 위에는 '알아차림, 깨어 있기'라고 궁극적인 일의 목적을 적어두었다.

네 번째, 주변에 새벽 기상을 공언한다.

공언하면 더 큰 의지가 생긴다. 타인에게 보이는 이미지와 내 모습을 일치시키려 하기 때문이다. "저는 새벽 4시 반에 일어납니다"라고 말하고 나면 그 말을 지키기 위해 더욱 고군분투한다.

가족들의 도움도 얻을 수 있다. 저녁 일과는 대부분 가족과 보내기 때문에 가족들의 이해가 꼭 필요하다. 내가 새벽 기상을 공언했더니, 남편은 평소 아이가 잠들고 나서 함께 보내던 시간을 양보해주었다. 덕분에 일찍 자고 일찍 일어날 수 있었다. 그 대신 1주일에 한 번은 조금 늦게 잠들더라도 밤에 남편과 둘만의 대화 시간을 꼭 가졌다.

친한 지인들에게 공언하면 저녁에 무리한 약속을 잡지 않을 수 있다. 처음에는 쉽지 않았지만, 9시가 넘으면 졸려서 눈꺼풀이 내려가는 나를 보고 점점 이해해주는 분위기로 바뀌었다. 일찍 잠드는 것을 알게 되자 밤에 오는 연락도 줄었다. 중요한 일정은 되도록 점심 약속으로 조정하고, 저녁에는 가족과 함께 차분하게 하루를 마무리하는 습관을 만들었다. 타임스탬프 앱을 활용해서 시각이 나오는 인증 사진을 찍어 SNS에 올리는 것도 효과적이다. 공언의 효과와 비슷해서 더욱 빠짐없이 실천하려는 의욕을 불러오고, 비슷한 활동을 하는 사람들의 응원을 받을 수 있다.

조급해하지 말고, 느리게 또 천천히

――――――――――――――― 셰익스피어는 "신중하되 천천히 하라. 빨리 뛰면 결국엔 넘어지고 만다"라는 말을 남겼다. 빨리 목표에 다다르고 싶은 조급함은 결국 실패를 만든다는 것을 현인들은 알고 있었다. 새벽 기상을 시작하는 것도 마찬가지다. 빨리 목표에 다다르고 싶은 조급함을 버린다면 누구나 성공할 수 있다.

조급함은 비교에서 온다. 남들이 먼저 시작하고, 빨리 성공했다고 해도 그들과 비교하지 않아야 한다. 타인과의 비교는 내 마음을 자해하는 것이다. 꽃이 저마다 피는 시기가 다르듯, 나는 나만의 타이밍이 있다. 자신만의 시간에 자신만의 레이스를 펼치는 것이 삶이라고 생각하면 너무 늦은 것도, 너무 빠른 것도 아니다. 바로 지금이 나에게는 최적의 시간이라는 마음으로 오늘 하루도 최선을 다해보자.

일단 발사하라,
그러면 조준한다

초등학생 때 종종 겪었던 일이다. 수업 시간에 선생님이 반 학생들에게 질문하고, 답을 아는 사람은 손을 들고 발표해보라고 하셨다. 답을 생각하고 있었지만 나는 용기가 나지 않아 발표하기를 주저했다. '혹여나 정답이 아니면 어쩌지? 틀리면 창피할 텐데…'라는 생각에 손을 들까 말까 고민했다. 그사이 다른 친구가 손을 들었고, 그 친구가 말한 답은 내 생각과 같았다. 발표한 친구는 칭찬을 받았다. 그 모습을 보며 '나도 발표할 걸 그랬다…' 하고 후회했다.

실패할까 두려운 마음에 고민만 오래 하다가 결국 기회의 버스를 놓쳐버린 것이다. 그런 경험은 성인이 되어서도 있었다. 결혼 후 전세살이의 설움을 겪을 때였다. 갑자기 집주인이 집을 매도하고 통보하는 바람에 급히 다른 전셋집을 구해야 했다. 단지 내 이사를 하려고 알아봤더니 날짜와 여건이 맞는 집이 세 군데밖에 없었다. 어느 집을 선택할 것인가 며칠 고민하는 사이에 두 집이 계약되어버렸다. 맘에 들지 않았지만, 선택의 여지가 없어 남은 한 집으로 이사를 했다.

지금 당장 하거나 영원히 안 하거나

이런 나의 모습을 꼬집듯 《하버드 행동력 수업》에서는 사람들이 꿈을 이루지 못하는 원인이 행동하지 않기 때문이라고 주장한다. 이 책의 저자이자 잠재력 개발 분야의 대가로 알려진, 가오 위안은 정보를 찾고 생각하는 데 많은 시간을 보내지 말고 지금 실행하기를 강조한다. "결정을 내릴 때 우리에게는 두 가지 선택지만 있을 뿐이다. 지금 당장 하거나, 영원히 안 하거나"라고 말이다.

고민을 오래 하다보면 불안해진다. 불안할 때는 일단 행동하는 게 마음이 편해지는 방법이다. 뇌과학자 이케가야 유지도 시작을 해야 의욕도 생긴다고 말했다. 고민과 문제 속에 파묻혀 생각만 하기보다는 작은 것이라도 시도하는 것이 더 낫지 않을까.

평소 고민을 오래 하던 모습과는 다르게 새벽 기상을 시작할 때는 고민도, 준비도 없이 무작정 발사했다. 당시 삶의 변화가 절실하기도 했고, 실행에 따른 큰 위험부담이 없기 때문이기도 했다. 포부로 가득했던 시작과는 달리, 실행해보면서 크고 작은 장벽에 여러 번 부딪혔다. 봉착한 장벽을 깨기 위해 또다시 다양한 방법을 시도해보았다.

새벽 시간의 집중도를 높이기 위해서 여러 가지 음악을 활용했다. 새벽에 듣는 음악은 나를 위로하고, 힘을 더해주었다. 엄마가 되고 나서는 음악 감상할 시간도 여의치 않고, 그마저도 아이 위주로 듣곤 했었다. 그래서 새벽에는 내가 좋아하는 음악을 골라 들었다. 주로 기분이 상쾌해지고, 집중이 잘되는 음악이다. 창문을 열어도 춥지 않은 계절에는 플레이리스트가 따로 필요 없었다. 새벽에 밖에서 들려오는 새소리, 귀뚜라미 소리, 매미 소리를 음악처럼 들었다. 새벽에 새소리를 듣고 있으면 나도 부지런한 사람이 된 것 같아 뿌듯해졌다. 어떤 음악보다도 가장 편안하고 듣기 좋은 음악이 바로 자연의 음악이었다. 김종원 작가가 《인간을 바꾸는 5가지 법칙》에서 소개한 '생각을 자극하는 음악' 리스트도 저장해두고 자주 듣는다. 나에게 힘을 주는 음악들을 모아 나만의 새벽 플레이리스트를 만들어 듣는 것이 큰 도움이 되었다.

어떻게든 꾸준히 해볼 궁리를 하다보니 '미라클 모닝 모임에 참여해볼까?' 하는 생각도 들었다. 혹시나 '미라클 모닝'을 실천하고 있는 모임이 있는지 검색을 해보았는데, 꽤 많았다. 돈을 내고 참가하여 기간 내에 성공했을 경우 일부를 돌려주는 시스템으로 운영되었다. 돈을 걸고 하는 규칙이 매력적이었다. 일명 '미라클 모닝 클럽'에 가입했다. 매일 새벽 기상 인증 사진을 찍으며 하루를 시작했다. 인증 모임은 습관을 다지는 데 유용했다. 혼자서도 할 수 있을 때까지 다양한 인증 모임에 참여했다. 기상 인증뿐만 아니라 영어공부 인증, 식단과 운동 인증, 감사일기 인증까지.

글쓰기도 일단 실행해봐야 한다는 걸 많이 깨닫게 해주었다. 생각을 오래 하고 글을 쓰기보다는 일단 무작정 막 쓰기 시작했다. 쓰는 행위 중에 더 깊은 생각이 떠올랐다. 매일 쓰다보니 나만의 노하우도 생기고, 부족한 부분을 채울 수 있는 방법을 찾아 공부하기도 했다.

일단 실행해보면 다른 관점에서 바라볼 수 있다. 고민만 할 때는 보이지 않던 아리송한 문제의 답을 알게 된다. 여행을 떠나기 전엔 필요한 줄 알았던 물품이 쓸모없는 짐이 되기도 하고, 미처 생각지 못한 준비물이 꼭 필요한 때도 있는 것처럼. 새벽 기상도 직접 실행하고 경험해봐야 나에게 진짜 필요한 것이 무엇인지 찾을 수 있다. 다양한 시도를 주저하지 않으면서 나는 더 성장할 수 있었다. "실패란 없다. 피드백만 있을 뿐"이라고 한 로버트 앨런의 말처럼 새벽 시간 활용의 문제점을 피드백해나가면서 나에게 잘 맞는 루틴으로 다듬어가자.

새벽, 단단한 나를 만드는 시간

———————————————— 내가 늘 행동하기 전에 오래 고민한 이유는 '나의 선택'을 스스로 믿지 못했기 때문이다. 다른 사람의 의견에 따르고, 권위자에 순종하는 삶이 익숙해서 내가 무언가를 주도할 때 내 판단이 맞는지 불안했다. 내가 나를 믿지 못하니, 자꾸 다른 사람에게 물어보고 조언을 들었다. 그때마다 어떤 사람은 이래라, 다른 사람은 저래라 하니 더 혼란스러웠다. 또 남들이 좋다고 해서 따라 해보아도 나에게는 맞지 않을 때도 있었다. 다른 사람의 말을 듣고 후회하기도 했다.

이제 나는 변했다. 새벽 시간에 나를 들여다보고, 내 감정과 마음을 돌보며 '자기신뢰'의 힘을 쌓아온 효과다. 나는 나의 선택을 믿는다. 내 인생의 답은 내 안에 있다. 그래서 요즘에는 오래 고민하지 않는다. 계속 머릿속이 복잡해서 일이 손에 안 잡히면 차라리 머릿속의 생각을 끄집어내 쓰면서 손이라도 행동하게 만든다.

선택하고 나면 뒤돌아보지 않는다. 일단 실행한 일에 대해서는 후회보다는 교훈으로 삼으려는 마음이 필요하다. 그러면 '어떻게 개선할 수 있는가'에 에너지를 활용할 수 있다.

때가 아니라며 시기를 미루고 있는가? 적절한 시기는 과연 언제 올까? 그 시기는 결국 자신이 만드는 것이다. 일단 시작하자. 시작이 반이다. 저지르고, 교훈을 얻고, 새로운 방법을 찾아 수습하자. 백 번 머릿속으로 고민하는 것보다 직접 해보는 한 번의 경험이 당신에게 '찐 성장'을 가져다줄 것이 자명하다. 계획은 일단 실행해보면서 다듬자.

잡초를 쳐내는 메모로
단순화시켜라

미국 경영 컨설턴트의 거물 중 한 사람인 아이비 리의 이름을 따서 만든 '아이비 리 법칙'을 알고 있는가? 어느 날 미국의 철강업체 대표 찰스 슈와프가 아이비 리에게 업무 효율성을 높이기 위한 조언을 구했다. 아이비 리는 그에게 15분간 컨설팅을 해주고, 3개월간 실천해본 후에 컨설팅 비용을 지급해달라고 요청했다. 찰스 슈와프가 아이리 비의 조언대로 실천하고 3개월 뒤에 낸 금액은 무려 2만5천 달러였다. 찰스 슈와프가 그만큼 큰 가치가 있다고 평가한 아이비 리의 조언은 바로 '메모'였다. 아이비 리가 알려준 메모 방법을 활용해서 찰스 슈와프는 자신의 회사를 세계 최강의 철강회사로 만들 수 있었다.

아이비 리 메모법

———————— 아이비 리가 조언한 메모의 방법은 이렇다.

첫째, 그날 해야 할 일을 중요한 순서대로 6가지 적는다.

둘째, 가장 중요한 일부터 순서대로 수행한다.

셋째, 앞 순서의 일을 완료하기 전에는 다음 순서의 일을 하지

않는다.

아이비 리는 전날 잠들기 전에 6가지를 적으라고 했다는데, 나는 새벽에 적는다. '아이비 리 법칙'을 알게 된 것은 《평범한 일상은 어떻게 글이 되는가》의 저자인 김진수 선생님을 통해서다. 덕분에 급한 일부터 해치우던 습관을 바꾸고, 우선순위대로 시간을 활용할 수 있게 되었다. 나는 일단 떠오르는 대로 중요한 할 일을 적고, 그다음 번호를 매겨 우선순위를 정했다. 6가지를 완수하지 못하는 날도 많았다. 그래도 우선순위가 가장 높은 일 1가지라도 집중했기에 뿌듯한 하루라고 생각할 수 있었다. 6가지를 다 못 적는 날도 많아서 나중에는 그날 하루 꼭 해야 할 일

3가지만 적는 것으로 가짓수를 줄였다.

우선순위를 정하는 시간은 새벽 루틴이 다 끝난 후이다. 마지막으로 하는 데에는 이유가 있다.

평소 늘 하던 대로 순조롭게 새벽 루틴을 이어가다가 문득 오늘 해야 할 급한 일거리나 새로운 아이디어가 떠오를 때가 있다. 자주 떠오르는 잡생각은 '오늘 식사는 뭘 해 먹지?'와 같은 것이다. 그런 생각이 떠오를 때 메모지에 일단 적어놓는다. 적고 나서, 다시 하던 일에 집중한다. 메모를 하면 다른 생각이 꼬리를 물고 이어지는 것을 방지할 수 있다. 즉 메모는 지금 하는 일이 딴 길로 새지 않게 해준다. 그래서 내 책상 위에는 접착식 메모지가 항상 잘 보이게 놓여 있다. 새벽 시간의 잡초를 쳐내는 메모지이다.

그 메모지를 새벽 루틴이 모두 끝난 뒤에 다시 들여다본다. 메모해두었기 때문에 나중에 잊지 않고 다시 떠올릴 수 있다. 좋은 아이디어는 따로 기록해두고, 급한 일이나 중요한 일이 있는지 더 적어본다. 그 뒤에 우선순위를 정한다. 우선순위를 정할 때는 중요하지만 하기 싫은 일부터 앞에 둔다. 그 이유는 하기 싫은 일에 대한 부정적인 감정을 빨리 털어버리고 싶기 때문이다.

중요한 선택을 해야 하는 일이나, 갈등 상황이 있을 때는 '4사분면으로 나누어 생각하기' 메모를 활용할 수 있다. 일반적으로 많이 알려진 방법은 긴급도와 중요도에 따라 일을 나누는 방법이다.

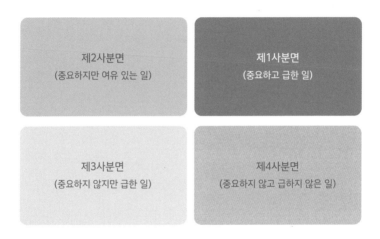

제2사분면
(중요하지만 여유 있는 일)

제1사분면
(중요하고 급한 일)

제3사분면
(중요하지 않지만 급한 일)

제4사분면
(중요하지 않고 급하지 않은 일)

이때에는 1사분면에 있는 일부터 순서대로 1-2-3의 순서로 해나가야 한다. 2사분면의 일을 하는 시간을 늘리는 방법을 모색하고, 4사분면에 있는 일들은 끊어내려고 노력한다.

4사분면으로 나누어 생각하기 방법을 또 다르게 적용할 수도 있다. 이 방법은 비폭력 대화를 배우며 알게 된 방법을 응용한 것

제2사분면 (그 반대 선택의 장점과 이때 얻는 것)	제1사분면 (그 선택의 장점과 이때 얻는 것)
제3사분면 (그 반대 선택의 단점과 이때 잃는 것)	제4사분면 (그 선택의 단점과 이때 잃는 것)

이다. 선택의 기로에서 혼란스럽거나 고민이 될 때, 그 선택의 상반되는 측면을 찾아보며 자기 생각을 객관화하는 메모를 한다.

선택의 여부와 그에 따른 플러스적 측면과 마이너스적 측면을 사분면에 나누고 떠오르는 생각을 적어본다. 오른쪽 예시는 '직장에 다니는 것'을 주제로 적어본 것이다.

'직장을 다닐 때의 단점'과 '직장을 그만두었을 때의 장점' 쪽에 내 의견을 더 많이 적었다는 것을 알 수 있다. 사분면 위에 내 생각을 가시화하면 내 생각이 어느 쪽에 치중되어 있는지 알아차릴 수 있다. 생각하지 않았던 반대 측면을 떠올려보면서 어떤 선택을 하든 장단점이 있다는 사실도 상기할 수 있다.

제2사분면	제1사분면
(직장을 그만둘 때의 장점과 이때 얻는 것)	(직장에 다닐 때의 장점과 이때 얻는 것)
평일에도 브런치를 먹을 수 있다. 여유롭다. 내가 만나고 싶은 사람만 만날 수 있다. 자유롭다. 아이와 함께하는 시간이 많다. 시간을 내 마음대로 사용할 수 있다. 새로운 일에 도전할 시간이 많다.	경제적인 여유가 생긴다. 인정과 성취감을 느낄 수 있다. 뿌듯하다. 존재감. 자기효능감. 유능감. 성장할 수 있다. 배움의 기회가 많다.
제3사분면	제4사분면
(직장을 그만둘 때의 단점과 이때 잃는 것)	(직장에 다닐 때의 단점과 이때 잃는 것)
고립될 수 있다. 안주할 수 있다. 경력을 쌓아가는 사람과 비교할 수 있다.	바쁘다. 피곤하다. 긴장된다. 할 일이 많다. 하기 싫은 일도 해야 한다. 아이와 함께할 시간이 줄어든다. 돌발 상황을 맞닥뜨린다. 스트레스를 많이 받는다.

몰입이 깨질 때 해야 할 것들

—————————————— 몰입을 방해하는 걱정과 두려움이

있을 때 보통은 떠오르는 잡생각을 메모지에 간단히 적어놓고

다시 집중한다. 그런데 걱정과 두려움이 너무 큰 날은 그게 잘 안 된다. 예를 들어 나는 가족이 갑자기 아파서 응급실에 가거나, 수술을 앞둔 날 집중이 잘 안 되었다.

그럴 때는 《멘탈의 연금술》을 통해 배운 방법을 쓴다. 근심이나 걱정도 몰입해서 한 번에 놓아주는 것이다. 5~10분간 시간을 정해놓는다. 그 시간 동안 종이 위에 내가 두려워하고 걱정하는 것들을 쓴다. 막연했던 불안과 걱정이 좀 더 명확하게 보인다. 쓰다보면 쓸데없는 걱정이라는 것을 자각할 수 있기도 하고, 자연스럽게 해결책이 떠오르기도 한다. 대부분은 편안하게 내려놓을 수 있다. "행복으로 가는 길은 우리가 어쩌지 못하는 일에 대해 근심하지 않는 것이다"라고 했던 에픽테토스의 말을 되새겨본다.

노션이나 에버노트와 같은 좋은 메모 앱들도 많지만, 새벽에는 주로 손으로 쓰는 메모 방법을 사용한다. 그런 후, 목차별로 정리가 필요하거나 내용이 많은 것 위주로 낮에 노션에 정리하고 있다.

메모의 장점은 셀 수 없이 많지만, 내가 생각하는 메모의 최고 장점은 삶을 우선순위에 맞춰 살 수 있도록 도와준다는 것이다.

복잡한 생각을 종이 위에 메모함으로써 객관화하고, 최적의 대안을 선택하자. 인생의 잡초를 제거하자. 메모를 통해 군더더기를 도려내고 급한 일보다는 중요한 일에 중심을 둔 삶을 살자.

인디언 기우제의 성공률이
100%인 이유

당신에게는 인생의 '원 워드'가 있는가? 《원 워드One word》에 따르면, 한 해의 계획이나 목표를 문장이나 구호가 아니라 한 단어로 요약한 것이 '원 워드'이다. 나는 한 해의 원 워드를 정하지는 않았지만, 내 인생의 원 워드는 확고하게 있다. 바로 '마인드셋Mindset'이다. 마인드셋은 우리말로 사고방식, 태도, 의식구조, 마음가짐이라는 여러 가지 뜻으로 해석된다. 내가 이 중에서 가장 중요하게 생각하는 뜻은 '마음가짐'이다.

마인드셋의 중요성

─────────── 나는 동기부여를 위해 책을 읽는 편이다. 지금은 책 편식이 덜하지만, 예전에는 주로 자기계발서 위주로 책을 읽었다. 삶이 힘들 때마다 책을 통해 새로운 마음가짐을 다지려고 노력했다. 그렇게 꾸준히 찾아 읽은 책 중에서 '마인드셋'을 내 인생의 '원 워드'로 자리매김하게 해준 책이 있다. 바로 캐럴 드웩의 《마인드셋》이다. 이 책은 인간이 성장하기 위해 가장 중요한 요인은 성장형 마인드셋이라고 말하며, 그것을 가진 사람만이 자신의 잠재력을 발휘할 수 있다는 사실을 증명하고 있다. 내가 얼마나 고정형 마인드셋의 틀에 박혀 살아왔는지 깨닫게 해주었고, 이 책을 통해 나는 성장형 마인드셋을 지향하며 살아가게 되었다.

나에게 영향을 준 책을 하나 더 꼽자면 《그릿》이다. 이 책에 나오는 내용 중에 강렬한 인상을 남긴 연구 결과가 있다. 1940년, 하버드에서 진행했던 '러닝머신 실험'에서 학생 130명을 대상으로 기준 체력보다 힘들게 트레드밀을 설정하고 지구력과 의지력을 측정했다. 당시 참여한 학생들을 수십 년 추적 조사한 결과, 러닝머신 위에서 포기하고 싶은 순간에 한 걸음이라도 더 디뎠던 사람들이 자신의 분야에서 성공적인 삶을 살고 있었다는 결론이 도출되었다. 특출나게 타고난 재능도 없고, 힘든 어린 시절을 겪어온 나는 그 내용을 접하고 '한계라고 느낄 때 한 걸음만 더 해보자'라는 마음가짐을 가지게 되었다.

우연히 강연에서 들은 '인디언 기우제' 이야기도 마인드셋의 중요성을 일깨워주었다. 인디언들은 반드시 비는 오기 마련이라는 믿음을 공유하며 기우제를 지냈고, 그 성공률은 늘 100%였다고 한다. 그 이유는 기우제의 효력이 항상 발휘되었던 것이 아니라, 비가 내릴 때까지 계속 기우제를 지냈기 때문이다. 그들의 삶을 통해 '포기하지 않고 끝까지 밀어붙이는 마인드셋'의 위력이 얼마나 강력한지를 느꼈다.

세 번째 시도 끝에 완성한 새벽 습관
_____ 책을 읽고 인생의 '원 워드'를 정한 것처럼 새벽 기상도 책에 감명을 받고 시작했다. 2018년 당시에 할 엘로드의 《미라클 모닝》을 읽고, 새벽 기상을 시작했다. 그러나 몇 달 만에 다시 이전의 생활로 돌아가고 말았다. 두 번째 새벽 기상을 시도한 것은 2019년 로빈 샤르마의 《변화의 시작 5AM 클럽》을 읽고 나서다. 그 때도 몇 달간 노력해보다 결국 포기했다. 세 번째 시도는 《미라클 모닝 밀리어네어》를 읽

고 난 2020년부터다. 그리고 지금까지 쭉 이어오고 있다. 그렇다면 앞의 두 번의 시도와는 무엇이 달랐기에 꾸준히 할 수 있었을까?

　가장 중요한 차이는 간절함의 크기다. 워킹맘으로 살며 오롯이 혼자 집중할 수 있는 시간을 만들고 싶어서 여러 번 시도했지만, 세 번째 시도의 간절함은 이전과는 달랐다. 절망의 절벽 끝에 있다는 위기감에 일상이 무너져 있었다. 조금씩 회복하고 있다고 믿었던 부부관계에서 또다시 밑바닥을 보았고, 뿌연 안개 속처럼 답이 전혀 보이지 않았다. 절실하게 돌파구가 필요했다. 다르게 살아보고 싶다는 가슴속 뜨거움이 있었다. 그때 깨달았다. 내가 바뀌어야 하는 이유를 가슴 깊이 받아들이는 때야말로 내 안의 강력한 잠재력을 발휘할 수 있다는 것을.

　사막에서 농사를 짓던 호피 인디언들은 얼마나 간절한 마음으로 기우제에 임했을까? 사람이 생존하기 위해 물은 필수조건이다. 매일 정성으로 기우제를 지내며, 오기에 가까운 끈기를 보여주었기에 하늘도 감응한 것이 아닐까? 당신의 가슴속에는 어떤 간절함이 있는가? 그 간절함을 일깨우자.

두 번째 차이는 포기하지 않는 끈기, 꾸준함이다. 습관이 되었다고 믿고 방심하다간 익숙한 이전 생활패턴으로 돌아갈 수 있다. 그만두고 싶을 때마다 "뜨거운 열정보다 중요한 것은 지속적인 열정이다"라고 했던 마크 저커버그의 말처럼 지속적인 열정을 불러일으키는 것들을 내 곁에 두었다. 먼저 깨달은 사람들의 책을 읽는 것도 새벽 습관의 동기부여에 도움이 되었다. 비폭력 대화를 배우고, 자기 공감 연습을 한 것도 나에게 '할 수 있다'라는 긍정의 에너지를 채워주었다.

너무도 평범한 사람이라서 나 자신을 이겨낼 무기는 꾸준함밖에 없었다. 내가 할 수 있는 여건에 집중하며 빠짐없이 실천했다. 비가 오든 눈이 오든, 아이가 아프든, 집안에 특이사항이 생기든 습관이 완전히 자리 잡힐 때까지는 억지로라도 했다. 매일 하는 것을 목표로 삼아 전진했다. 돌발 상황으로 며칠은 실천하지 못할 수도 있다. 그렇다 하더라도 실패라고 좌절하거나 그만두지 말자. 실패하는 사람이 아니라, 다시 시작하는 사람이라는 마음으로 포기하지 말고 계속하자. '미라클 모닝'이라는 못을 박으려면 '꾸준함'이라는 망치가 필요하지 않겠는가?

매일 초심의 간절함을 일깨워야 한다. 처음 시작하는 마음으로 오늘만 해내면 된다. 그것이 꾸준한 유지의 방법이다. "할 수 있다고 믿는 사람은 그렇게 되고, 할 수 없다고 믿는 사람 역시 그렇게 된다"라고 한 샤를 드골의 말처럼 모든 것은 마음에서 비롯된다.

꾸준히 쌓아가는 모닝이
미라클 모닝이다

근육이 계속 쓸수록 단련되듯이 우리 뇌의 회로도 쓰면 쓸수록 단련된다고 한다. 잘 쓰지 않는 뇌의 회로는 오솔길 처럼 가늘어지다 결국 끊어지고, 자주 하는 생각의 회로는 고속도로처럼 쉽게 뚫린다는 것이다. 지금 나는 어느 방향으로 뇌의 회로를 단련하고 있는지 생각해볼 일이다.

흔들리지 않는 단단한 루틴 만들기

새벽 시간 활용도 하면 할수록 단련되고 자동화되며 자신만의 비법이 쌓인다. 같은 일을 해도 점점 익숙해져서 걸리는 시간이 줄기도 한다. 습관을 다져가는 초반에는 핵심 루틴을 반복하는 것에 집중하되, 여러 가지 활동을 다양하게 시도해보면서 나에게 가장 잘 맞는 루틴을 만들어가야 한다. 처음 내가 만든 루틴은 이러했다.

물 마시기 - (자기 공감 연습) - 독서(공부)

자기 공감 연습은 매일 하지는 않고, 필요한 날에 집중해서 했다. 지금도 여전히 자기 공감이 필요한 날은 그것부터 우선으로 한다. 이 내용은 4장에서 자세히 이야기하겠다.

미라클 모닝을 같이하는 사람들과 기상 인증을 하기 시작하면서부터 조금씩 기상 시각을 앞당겼다. 6시 기상이 가능해졌을 때부터 1시간 정도 되는 새벽 루틴을 시작했다.

물 마시기 - 계획 세우기 - 독서(공부) - 실내자전거 운동 나의 의욕을 불러일으키는 시작의식(감사일기, 긍정 확언, 명상, 비전 시각화)이 이 당시에는 없었다. 대신에 연말이 가까워지며 새로운 한 해 계획을 꾸리는 시간을 가졌다. 2021년에는 어떤 목표를 가지고 살 것인지, 앞으로 나는 어떤 일을 하며 살아야 행복할지 매일 생각하고 플래너에 적었다. 나만의 긍정 확언과 비전을 만들어가기 시작한 것도 이때부터다. 성공한 사람들의 공통된 루틴 중에서 내가 적용해보고 싶은 것들을 골라 나만의 루틴을 만들었다. 기본 습관 사이에 조금씩 다른 습관을 끼워 넣었다.

물 마시기 - 긍정 확언 읽기 - 비전 시각화 - 감사일기 쓰기
- 독서(공부) - 실내자전거 운동

그러던 중 독서만 하고 끝내지 않고, 내 생각을 함께 정리하기 위해 책의 리뷰를 블로그에 올리기 시작했다. 독서 뒤에 블로그 글쓰기라는 습관을 추가한 것이다. 독서와 글쓰기에 시간을 더 할애하다보니 아침 운동 습관은 빠졌다. 그 대신 가장 졸음이 쏟아지는 시간대에 운동했다. 졸음이 쏟아질 때는 책상에 앉아서

하는 활동이 능률이 오르지 않기 때문에 더 효율적으로 시간을 쓴다는 느낌이 들었다. 또, 비폭력 대화에서 배운 명상을 새벽 시간에도 시작했다.

물 마시기 - 감사일기 - 긍정 확언 - 비전 상상&명상
- 독서 - 책 리뷰 블로그 포스팅

매일 새벽 읽은 책의 내용과 생각을 정리해 아침 7시 전까지 블로그에 1일 1리뷰 포스팅을 올렸다. 이웃님들의 반응이 좋아서 더 잘 쓰고 싶다는 욕심이 생겼다. 책의 내용만 정리하는 것이 아니라, 내 생각을 더해서 쓰려다보니 더 많은 시간이 필요했다. 그래서 조금씩 기상 시각을 앞당겨 4시 35분에 기상하기 시작했다. 독서와 글쓰기를 새벽의 핵심 루틴으로 만들었다.

습관과 습관을 덧붙이고, 끼워 넣어라

작은 습관을 하나씩 쌓아가며 더 많은 습관을 내 것으로 만들 수 있다. 이미 하는 습관에 연결 지어 하나의 행동을 더하는 것이다. 예를 들어, 일어나면

가장 먼저 화장실에 간다. 화장실을 가는 습관 뒤에 물을 마시는 행동을 연결 지었다. 매일 반복했더니 물을 마시는 습관이 완전히 몸에 익어서 화장실을 다녀오면 물을 마시는 행동이 저절로 튀어나왔다. 오히려 물을 마시지 않는 것이 불편해졌다. 또, 책상에 앉기 전에 창문을 연다. 창문을 여는 습관 뒤에 심호흡하고 기지개를 켜는 습관을 덧붙이는 식으로 새로운 것을 만들어갔다. 세수 뒤에는 수전과 거울을 닦는 습관을 덧붙였다.

물을 마시는 습관이 익숙해진 다음에는 체중을 확인하는 습관을 끼워 넣었다. 이 방법을 《습관의 힘》에서는 '샌드위치 전략'이라고 소개한다. 익숙한 것들 사이에 새로운 것을 끼워 넣어서 두려움을 줄이고 자연스럽게 스며들게 하는 전략이다. 매일 꾸준히 연습했더니 이제는 화장실을 다녀와서 체중을 확인하고 물을 마시는 순서가 완전히 몸에 익었다.

최적의 환경 만들기

——————————— 만들고 싶은 습관을 실행할 수 있는 환경을 만드는 것도 중요하다. 나는 알람을 종종 활용한다. 해가 뜨기 전에 일어나서 루틴을 끝내고 나면 이미 해가 중천에 떠 있다. 떠오르는 해와 함께하는 새벽 풍경을 보고 싶은데, 하던 일에 집

중하다보면 자꾸 그 시각을 놓쳤다. 새벽하늘을 바라보고 그 풍경을 잠시 만끽하는 습관을 들이기 위해서 '하늘 보기' 알람 시각을 설정해놓았다. 알람이 울리면 잠시 동틀 녘 하늘을 만끽했다. 아침에 영양제를 챙겨 먹는 것도 깜박해서 알람 설정을 해두었더니 습관으로 만들기가 훨씬 수월했다. 강제적인 환경 조성이 필요할 때는 인증 모임을 활용하기도 한다. 요즘은 검색하면 다양한 인증 모임과 앱들을 쉽게 찾을 수 있어 나에게 잘 맞는 쪽으로 선택하면 된다.

기존의 습관 뒤에 이어 하던 습관을 다른 습관으로 대체할 때도 최적의 환경을 조성했다. 루틴을 끝낸 보상으로 마시던 카페라테를 과일 스무디로 대체했는데, 사실 커피 대신 과일 스무디를 마시는 습관을 새로 들이는 건 힘든 일이었다. 습관을 바꾸기 위해 먼저, 식단과 체중을 사진으로 찍어 매일 인증하는 모임에 들어가서 억지로라도 하는 환경을 만들었다. 그리고 주방에 스무디의 메인 재료인 토마토와 믹서를 꺼내놓아 습관을 만들어갈 수 있도록 준비했다.

가장 최근의 새벽 루틴은 대략 아래와 같이 흘러갔다. 초고를 써야겠다고 다짐하고 나서부터는 독서 시간을 줄이고, 글쓰기 시간을 늘렸다.

1. 세수 - 체중 체크 - 물 마시기 - 창문 열고 기지개(약 5분
   ~10분)
2. 감사일기(&필사) - 긍정 확언 - 비전 시각화 - 명상(약
   20분~30분)
3. 독서, 글쓰기(약 1시간 반)
4. 오늘 할 일 우선순위 정리(약 5~10분)
5. 건강한 아침 식사 준비

일찍 일어나는 것부터 시작한 습관 쌓기 덕분에 나를 건강하게 만드는 다양한 습관도 수월하게 만들어갈 수 있었다. 소소하지만 좋은 습관들을 계속 쌓아 더 나은 정체성을 만들어가고 있다. "처음에는 우리가 습관을 만들지만, 그다음에는 습관이 우리를 만든다"라고 했던 영국의 시인 존 드라이든의 말처럼. '꾸준히 좋은 습관을 쌓아가는 아침'이야말로 진정한 '미라클 모닝'이다. 꾸준함이 곧 비범함이다.

3장

잘 들인 습관 하나로
보람찬 하루가
시작된다

'때문에' 프레임을 깨준
감사일기 쓰기의 힘

    '플라세보 효과'에 대해 들어본 적이 있는가? 환자의 긍정적인 믿음으로 인해 병세가 호전되는 현상을 말한다. 한마디로 '가짜 약 효과'이다. 반대로 '노세보 효과'도 있다. 약효에 대한 불신 또는 부작용에 대한 염려와 같은 부정적인 믿음 때문에 실제로 부정적인 결과가 나타나는 현상을 일컫는다. 어떤 해도 끼치지 않는 물질에 의해 병이 생기거나 심지어 죽음에 이르는 경우로 발전하기도 한다. 어떤 것을 믿느냐에 따라 몸에서 호전과 악화의 효과가 실제로 일어난다는 놀라운 증명이다. 그만큼 마음의 힘은 강력하다.

감사함이라는 선물

───────────── 나는 감사일기를 쓰면서 플라세보 효과를 확실히 느꼈다. 살면서 일어나는 일 중에 잘된 일 10가지보다는 잘못된 일, 안 좋은 일 1가지에 집중하며 살아왔었다. 나쁜 일이 생길까 걱정하고 그것을 피할 방법을 찾느라 쉽게 소진되고 피로를 느꼈다. 큰 병에 걸리지는 않았는지 걱정하는 건강염려증도 있었다. 감사일기를 꾸준히 쓰기 시작하면서 건강염려증이 완전히 사라졌고, 긍정적인 사고로 일상 속의 행복감도 높아졌다.

내가 느낀 변화를 뒷받침해주는 연구 결과도 있다. 미국의 브리검영대학의 심리학 연구에 따르면, 4주간 긍정적 일기를 쓴 그룹과 단순히 그날 있었던 일에 대해 기록한 그룹을 비교해보았더니 긍정일기를 쓴 그룹의 행복도와 생활 만족도가 높았다.

《인생 치유》의 저자 댄 베이커는 감사의 가장 기본적인 방법으로 하루에 세 번 정도 3~5분가량 깊이 감사하는 무언가에 대해 생각해보라고 조언한다. 점차 감사하는 시간을 늘려간다면 육체적, 심리적으로 최대한의 효과를 누릴 수 있다. 1년 동안 감사일기를 쓰며 느꼈던 긍정적인 변화를 기록한 책, 제니스 캐플런의 《감사하면 달라지는 것들》 또한 그 증거가 될 수 있겠다.

그녀는 이 책에서 '감사'를 비타민 G^Gratitude라고 일컬었다. 감사의 호르몬이 몸 안에 돌면 백혈구 수치가 낮아지고, 염증성 분자 수도 줄어든다는 연구 결과도 소개하고 있다.

　하루를 돌아보고 일기를 쓰면 자신을 돌아보는 '자기 성찰 능력'과 아픔을 극복하는 '회복력'이 높아진다고 한다. 괴롭고 절망스러운 일을 겪은 날에도 감사일기를 쓰면 그 안에서 무엇을 감사할 수 있을지 생각할 수 있다. "모든 사건의 가장 좋은 점을 보는 습관이 1년에 수천 파운드를 버는 것보다 더 가치 있다"라는 새뮤얼 존슨의 말처럼 고통의 순간도 배움과 성장의 기회로 바라볼 수 있다. 어제의 하루가 아무리 힘들었어도, 새벽에 일어나 감사할 것을 찾으면 정신이 맑아지고 행복해진다.

감사일기 쓰는 법
────────────── 처음 감사일기를 시작했을 때는 꾸준히 쓰지 못했지만, 새벽 기상이라는 핵심 습관을 다지고 나서는 다른 습관들을 연결 지어 만들어가는 것이 훨씬 수월했기에 감사일기도 2020년 말부터는 하루도 빠짐없이 쓰고 있다. 나는 감사일기를 이렇게 쓴다.

1. 감사일기를 손으로 적는다

타이핑해서 온라인상에 기록해보기도 했지만, 펜으로 쓸 때 심리적 안정감이 훨씬 더 크게 느껴졌다. 일본 도쿄대학 구니요시 사카이 교수 연구진의 연구에 따르면, 종이에 글을 쓸 때 뇌 기억 부위 '해마'의 활동이 가장 활발하다고 한다. 손으로 필기할 때만 뇌의 브로카 영역(언어생성, 표현, 구사 능력 담당)이 활성화된다는 연구도 있다. 손으로 감사일기를 쓰면 더욱 효과가 좋을 수밖에 없다.

2. 일정한 시각에 꾸준히 적는다

새벽에, 하나의 의식처럼 경건한 마음으로 한다. 예전에도 여러 번 시도했지만 얼마 못 가서 그만둔 것은 루틴으로 만들지 못했기 때문이었다. 처음에는 자기 전에 감사일기를 적었다. 다이어리 끄트머리 작은 공간에 감사할 일 3가지 정도를 짧게 적고 잤다. 하루를 감사일기로 마무리하는 것도 물론 좋다. 그러나 저녁 시간은 가족과 함께하다보니, 자주 빠지는 날이 생겼다. 그래서 새벽에 일어나 적기 시작했더니 하루도 빠짐없이 꾸준히 할 수 있었다. 일정한 시각에 하는 것을 자꾸 잊는다면 '감사일기 쓰기' 알람을 해두는 방법도 좋다.

3. 감사일기의 범주를 노트 맨 앞에 붙인다

《타이탄의 도구들》과 《생각의 각도》를 읽고 참고해서 나만의 감사일기 범주를 노트 맨 앞 페이지에 붙여놓았다.

    1) 나에 대한 감사 - 건강, 성장, 깨달음, 알아차림, 기회 등

    2) 남에 대한 감사 - 도움, 배움, 새로운 경험 등

    3) 세상에 대한 감사 - 당연하다고 여겼던 것, 주변 환경, 물건 등

범주를 참고하니 감사할 것을 더 쉽게 찾을 수 있었다.

4. 감사할 것 개수를 늘려간다

기본으로 3가지를 적다가 점차 적응되면 5가지로 늘린다. 물론 더 적어도 좋다. 3가지는 금방 적지만 2개를 더 적기 위해서는 좀 더 오랜 시간 일상을 돌아봐야 한다. 그만큼 플라세보 효과를 펼칠 시간이 늘어나는 것이다. 이제는 10분이면 충분히 5가지를 찾을 수 있다.

5. 내게 충족된 느낌과 욕구를 찾아 함께 적는다

《비폭력 대화》에서는 대화에서 '칭찬'보다는 '감사'로 마음을 표현하기를 권한다. '진정한 감사'는 누군가의 말이나 행동 + 그로 인한 내 느낌 + 내게 충족된 욕구 + 감사로 표현하는 것이라고 말한다. 칭찬에는 개인적인 평가나 판단이 들어가지만, 감사는 그렇지 않다. 순수한 감사의 표현으로 전달할 때, 나와 상대가 모두 온전하게 그 감사를 누릴 수 있다. 그래서 나는 감사일기를 쓸 때도 내게 충족된 느낌과 욕구를 함께 적으려고 노력한다. 책상 앞에 붙어 있는 느낌말 목록과 욕구 목록을 보고 참고해서 쓴다. 예를 들면 이런 식이다.

'계획했던 일을 모두 마무리할 수 있어 감사합니다. 성과를 이루어 기쁘고 뿌듯하고 상쾌한 기분이 들어 감사합니다.'

'소박한 반찬의 집밥이지만 맛있게 먹어주는 가족에게 감사합니다. 요리에 흥미가 없는 나도 할 수 있다는 용기를 주는 가족 덕분에 힘이 나서 감사합니다.'

우리에게 값없이 주어진 것이 얼마나 많은가. 늘 곁에 있는 것들을 당연하다고 여길 때는 불행했다. 그러나 세상에 당연한 것은 아무것도 없음을 감사일기를 쓰며 깨달았다. 당연했던 것들이 귀하고 소중해지면 일상에 생기가 돌며, 소소한 즐거움이 늘어난다. "사람이 얼마나 행복한가는 그의 감사함의 깊이에 달려 있다"라고 한 존 밀러의 말처럼 진정한 행복을 찾게 해주는 것이 감사일기다.

과거에는 최악의 시나리오를 상상하며 시도하기 두려워할 때가 많았다. 이제는 일단 도전하는 용기와 자신감이 생겼다. 그 바탕에는 감사일기가 있다. 매일 아침 5분의 투자로 플라세보 효과를 느끼며 행복해지는 습관을 만들어가자. 새로운 세상이 열린다.

하루의 시작을 알리는
의식과 마법 주문

아침에 눈을 뜨면 가장 먼저 무엇을 하는가? 몇 분이라도 더 자려고 이불을 휘감고 몸을 뒹굴며 침대에서 꿈틀거리는가? 누워서 핸드폰을 뒤적이지는 않는가? 하루의 첫 시작을 여는 나만의 습관이 있는가?

새벽 기상을 시작했다면, 가장 먼저 시작의식을 만드는 것이 중요하다. 시작의식을 반복적으로 연습해나가면, 나의 무의식에 각인이 된다. 시작의식만으로도 새벽 2시간을 집중할 수 있는 몸과 마음의 상태를 불러올 수 있다.

시작의식이 습관화되면 그 뒤의 행동은 자연스럽게 따라온다.

나의 새벽 2시간의 시작의식은 '물 마시기'이다. 일단 눈을 뜨면 화장실을 다녀온다. 그리고 주방으로 가서 컵을 들고 기상 인증 사진을 찍는다. 가장 몸이 가벼워진 상태의 체중을 체크한다. 그리고 물 500mL를 그 자리에서 마신다. 다시 500mL의 물을 채워 들고 방으로 들어간다. 물을 마시면 정신이 맑아진다. 몸과 마음을 깨우는 나만의 시작의식이다. 이제는 완전히 습관이 되었다. 일련의 행동들을 생각하지 않아도 몸이 저절로 알아서 움직인다.

나만의 아지트에 들어와서도 책상에 앉기 전에 시작의식이 있다. 창문을 연다. 바깥 공기를 잠시 들이마신다. 심호흡하며 기지개를 켠다. 자신감을 불러오는 확장적인 자세를 취한다. 가볍게 목 마사지를 해서 림프 순환을 돕는다. 이런 일련의 시작의식이 새벽에 정신을 맑게 일깨워준다.

책상에 앉으면 가장 먼저 감사일기를 쓰고 나서 나만의 마법주문을 외운다. 나에게 자신감과 긍정적 확신을 주는 마법을 부리기 때문에 '마법 주문'이라 칭했다. 심리학적 용어로는 '자기 충족 예언'이라고 하며, 여러 책에서는 이것을 긍정 확언, 자기 확신 주문이라고 표현하기도 한다. 긍정적 자기암시의 말을 하면서 자신에게 격려를 전해주어 높은 성과를 불러오게 만드는 것이다.

나만의 '마법 주문'을 만들기 위해 힘이 될 만한 문장들을 몇 달간 수집했다. 책에서 찾기도 하고, 다른 사람들의 긍정 확언을 검색해보기도 했다. 목표와 성과에 대한 확언이 아니라 내 안의 신념과 태도를 바꾸는 문장을 중심으로 찾아보았다. 읽기만 해도 설레고, 가슴이 따뜻해지는 문장들을 선별해 만들었다. 나에겐 나를 사랑하고 낙관적인 사고를 만드는 것이 가장 갈급했기 때문이다.

한번 만들고 나서 끝이 아니다. 다른 책을 읽다가 깨우침을 주거나 힘이 되는 문장을 만나면 계속 추가했다. 책상 앞에 붙여놓고, 플래너에도 기록해두었다. 이렇게 해오면서 내가 성장할수록 나의 '마법 주문'도 함께 성장하고 있다.

효과적인 마법 주문 만드는 법

───────────────── '마법 주문'의 효과를 제대로 누리기 위해서는 조건이 3가지 있다.

첫째, 하루도 빠짐없이 되뇌어야 한다. 매일 되뇌며 나의 잠재 의식 속에 스며들도록 해야 한다. 세계적인 연설가이자 자기계발과 동기부여 분야의 전문가였던 지그 재글러의 말을 기억하자. "사람들은 동기부여는 오래 가지 않는다고 말한다. 목욕도 마찬가지다. 그래서 매일 하라고 하는 것이다."

둘째, 그냥 읽어서는 안 된다. 한 문장 한 문장 읽으며 매 순간 그 문장에 몰입해야 한다. 지금의 내가 그 모습이라고 확신하며 읽는다. 확신이 들지 않을 때에는 내 가슴에 와 닿는 문장으로 다시 다듬어 나갔다.

셋째, 타인과의 비교에서 나온 우월성이 담긴 주문은 만들지 않는다. 읽으면서 자신을 믿는 게 아니라 오히려 의심하게 만드는 주문이다. '나는 남보다 대단하고 우월한 존재'라는 과대망상에 빠지게 만드는 주문은 지양해야 한다.

마지막으로, 부정적인 문장은 긍정 문장으로 바꾼다. 그렇게 만든 나의 '마법 주문'은 다음과 같다.

😊 오감나비 긍정 확언

나는 숨을 들이쉬며 편안함을 채우고, 내쉬며 불안을 떨쳐낸다
나는 마음을 열고 우주의 풍요를 받아들인다.
나는 좋은 운을 끌어당긴다.

나는 타인의 시선에 집중하지 않고 나의 열린 마음에 집중한다.

나는 언제나 따뜻한 가슴과 날카로운 직관이 깨어 있다.

나는 좋아하는 일로 행복하게 일하며 자유로운 인생을 산다.

나는 내 모습을 있는 그대로 받아들이고, 깊이 사랑한다.

나는 몸과 마음이 아름답고 건강하다.

나는 언제나 감사하는 마음을 지니며 산다.

내 삶에서는 매일 크고 작은 기적이 계속 일어난다.

나는 무한한 잠재력과 넘치는 열정이 있다.

나는 매일 복리로 성장한다.

나는 원하는 모든 것을 실현할 힘을 가지고 있다.

나는 강한 인내심과 꾸준함을 가진 사람이다.

나는 지혜로우며 현명하다.

나는 내가 할 수 있다는 것을 믿는다.

나는 삶의 모든 문제를 배움의 자세로 해결할 수 있다.

나는 언제나 나를 위한 최고의 선택을 한다.

내가 하는 선택과 행동은 기필코 성공으로 이어진다.

앞으로의 나의 모습은 오늘부터 내가 선택하는 행동의 결과다.

나는 과거와 미래에 연연하지 않고, 현재에 집중하는 삶을 산다.

나는 어떠한 속박에도 얽매이지 않는 자유로운 존재이다.

나는 사랑과 긍정이 흘러넘쳐 주변을 물들이는 사람이다.

내 삶은 반드시 많은 사람의 응원을 받는다.

나는 모든 존재와 연결된 마음으로 다른 사람들의 치유와 성장을 돕는다.

나는 이웃에게 작은 친절을 전할 기회가 있다면 주저하지 않고 바로 한다.

나의 열정과 재능을 나누어 사회에 이바지한다.

나는 나의 아이 존재 자체에 감사하며 사랑한다.

나는 아이가 경험할 기회를 독단적 판단으로 빼앗지 않고 존중한다.

나는 매일 사랑한다고 말한다.

나는 오늘도 최고의 하루를 만들 것을 선택한다.

매일 이렇게 잠재의식에 나의 존재에 대한 긍정적 인식을 심어주었다. 뿌리 깊은 자기부정 의식이 있었던 내가 서서히 변화했다. 이전과 같으면 그냥 넘겼을 일도 나의 주문대로 이루어지고 있다고 생각하게 되었다. 긍정 주문을 읊기 시작한 후로는 내가 선택한 것이 최선이라고 여기고, 진정 좋은 것만 모여드는 삶으로 변하고 있다고 느낀다.

어떤 날은 나와 아이의 목소리로 녹음한 파일을 집중해서 듣기도 한다. 내 목소리로 녹음한 나만의 마법 주문을 만들어놓으면 꼭 새벽이 아니더라도, 틈틈이 긍정 주문을 되뇔 수 있다. 잠깐 이동하는 틈이나, 무기력해진 나를 끌어올리고 싶을 때 응급 처치로 활용하기도 한다.

우리는 '능력'을 키우기보다 '자신을 믿는 힘'을 키워야 한다. 내가 나를 진정으로 믿어줄 때 내 안의 잠재력이 200% 발휘될 수 있다. 하루를 여는 시작의식으로 몸과 마음을 깨우고, 마법 주문을 온몸으로 느끼며 읽으면서 잠재력을 깨우자. 그 모습이 현실인 것처럼 최면을 걸자. 얼마 지나지 않아 분명 그와 같은 사람이 되어 있을 것이다. 나만의 '마법 주문'이 주는 효과를 맘껏 누려보자.

나를 돌보는 새벽은
남은 하루를 긍정으로 채워준다

　'80:20의 원칙'에 대해 들어본 적이 있는가? "이탈리아 인구의 20%가 이탈리아 전체 부의 80%를 가지고 있다"고 주장한 이탈리아 경제학자 빌프레도 파레토의 이름을 따서 '파레토 법칙'이라고도 한다. 그는 전체 중 20%의 요소에서 모든 결과의 80%가 일어난다고 주장했다. 나는 이 법칙이 일상생활에도 적용된다고 생각한다. 일상생활의 20%의 시간 활용을 어떻게 하느냐에 따라 나머지 80%의 일상생활에도 지대한 영향을 미치기 때문이다. 하루 24시간에서 수면 시간 7시간을 제외하면 실제 활동하는 시간은 대략 17시간 정도이다. 17시간의 20%는 3.4시간에 해당한다. 새벽 일과와 저녁 일과 시간으로 하루의 20% 시간을 보낸다. 새벽 시간을 잘 활용하기 위해서는 저녁 일과도 함께 조정해야 하기 때문이다. 하루의 시작과 마무리를 어떻게 하느냐가 나머지 일상을 이끌어간다고 해도 과언이 아니다.

나는 올빼미형에 잠만보라서 새벽에 일어나는 것은 불가능하다고 생각하며 살았다. 아침형 인간과 저녁형 인간은 기질처럼 태어날 때부터 정해진 것이고, 사람마다 집중력이 오르는 시간대가 다르다고 생각했었다. 그러나 새벽 시간을 습관화하면서 아침형 인간이 정해져 있다는 생각은 완전히 깨졌다. 지금 나는 '누구나 아침형 인간이 될 수 있다'고 생각한다.

사이먼 아처 영국 서레이대학 교수팀은 2003년에 아침형과 저녁형 인간이 유전적인 영향이 크다고 발표했지만, 2019년에 다시 아침형과 저녁형 인간은 유전적 요인도 있지만, 완전히 타고난 것은 아니라고 말했다. 식단이나 인공 빛에 대한 노출을 포함한 생활양식이 유전 인자에 영향을 준다는 것이다.

이미 태어날 때부터 정해져 있어 변할 수 없다는 생각은 '뇌 가소성'을 부정하는 것이다. '뇌 가소성'이란 뇌의 신경망들이 외부의 자극 등으로 인해 구조적, 기능적으로 변화하고 재조직

되는 현상을 말한다. 뇌 가소성을 증진하는 노력을 통해 변화하고 성장한 사람들이 실제로도 존재한다.

《프레즌스》의 저자 에이미 커디는 대학교 2학년 때 교통사고로 뇌에 다발성 신경 손상을 입었지만 끈질기게 매달리며 학습하는 법을 다시 배웠다. 그 노력으로 손상되었던 뇌를 회복하고 몸과 마음의 상관관계를 증명하는 심리학자가 되었다.

《마지막 몰입》의 저자 짐 퀵 또한 어릴 때 뇌 손상을 입어 어릴 때 별명이 '뇌가 고장 난 아이'였지만, 현재는 최고의 두뇌 전문가로 불린다. 성장 마인드셋을 가지고 '무엇이든 변할 수 있다'라는 믿음으로 노력한다면, 누구나 뇌의 놀라운 기능을 충분히 활용하며 살 수 있다.

저녁에는 맛보지 못한 아침의 맛

하루의 시작이 나머지 하루에도 영향을 미친다는 것을 새벽 기상을 하기 전에는 느끼지 못했다. 아니, 모르고 살았다. 예전에는 매일 아침 더 자고 싶은 마음을 꾹꾹 누르며 힘겹게 일어날 때가 많았다. 출근 준비를 할 수 있는 최소한의 시간만 남기고 기상 시각을 정했다. 그 때문에 아침엔 노상 분주했다. 알람을 겨우 끄고 찌뿌둥한 몸을 질질 끌고 일어났다. 특히 월요일에는 출근에 대한 압박감과 함께 금요일까지 버텨야 한다는 우울함에 한숨이 나왔다. 아침을 우울하게 시작하고 정신없이 보내기에 나머지 일상도 그렇게 흘러갔다. 내가 주도하는 시간 없이 온종일 끌려다니는 느낌이었다. 그러나 새벽에 일찍 일어나 하루의 시작을 설레는 에너지로 채우면서부터는 나머지 일상의 느낌도 달라졌다. 보다 생산적이고, 긍정적인 사람이 되었다.

저녁형 인간이었던 이전의 삶과 비교해서 새벽형 인간이 된 후에 느끼는 가장 큰 차이는 아침의 '활기'다. 나를 돌보는 2시간을 보내고 나면 아침에 놀라울 정도로 활기가 넘친다.

새벽에 나를 채우는 시간을 가지면 가족을 맞이하는 느낌도 활기차다. 새벽 기상을 시작하고 나서부터 남편보다 내가 늘 먼저 일어난다. 아침에 일어난 남편이 책상에 앉아 있는 나에게 다가와서 "잘 잤어?"라고 인사한다. 그러면 나는 하던 일을 잠시 멈추고 일어나서 남편을 꼭 안아준다. 아침에 가족과 껴안는 데는 긴 시간이 필요하지 않다. 단 몇 초에 지나지 않지만, 이전에는 생각도 하지 못했던 행동이다.

새벽에 나의 내면을 사랑으로 채우니 아침에 마주하는 남편이 다르게 보인다. 짠한 마음이 들기도 하고, 안쓰러움과 감사함이 우러나와 저절로 안아주고 싶은 마음이 생긴다. 아침에 서로의 가슴과 가슴을 맞대고 몇 초간 서로의 체온과 숨결을 느껴보자. 때론 마음이 뭉클하기도 하고, 사랑이 샘솟는 느낌이 든다. 전날 좀 서운한 일이 있었다고 하더라도, 새벽에 나를 돌보고 나서는 새로운 마음으로 남편과 아이를 볼 수 있다.

하루의 시작을 나를 돌보는 데 쓴다면

영국 엑서터대학 제시카 오로린 박사 연구팀의 연구에 따르면 아침형 인간은 우울증 위험이 낮고, 더 행복하다. 일찍 일어나는 사람들은 사회적 시계와 밀접하게 일치하는 작업 일정을 즐기면서 심각한 정신건강 문제를 피할 수 있는 것으로 나타났다.

미국 하버드대와 MIT 연구팀의 조사 결과도 이를 뒷받침한다. 연구팀이 아침형과 저녁형으로 수면 패턴을 분류한 후 우울증 발생 여부를 조사한 결과에 따르면, 1시간 일찍 일어나고 일찍 자는 사람들은 그러지 않는 사람들에 비해 우울증 발생 위험도가 23% 낮았다.

하루의 시작을 나를 돌보는 데 할애하면, 그 힘으로 맡은 바

임무들도 잘 해낼 힘이 생긴다. 새벽 2시간이 진정한 나와 마주하는 시간이라면, 나머지 시간은 내게 주어진 여러 페르소나를 수행하는 시간이라고 생각한다. 그래서 새벽 2시간만큼은 1분 1초도 허투루 쓰지 않으려고 노력하며 보낸다. 그만큼 더없이 소중하다. 새벽은 내가 면밀히 주도해서 알차게 보내지만, 나머지 일상은 흘러가는 대로 산다. "오늘 하루는 최선을 다해 살지만, 인생은 되는대로 살고 싶다"라고 한 이동진 영화평론가의 말처럼, 남은 하루에서 일어나는 일들은 내가 통제할 수 없는 것도 많기에 그 상황을 겸허히 받아들이고 싶다.

하루의 시작을 좋은 영감들로 채우면 나머지 하루도 자연스럽게 비슷한 방향으로 움직이게 된다. 긍정적인 사고의 힘이 생긴다. 예상치 못한 일로 마음이 곤고한 하루를 보냈다 하더라도 새벽 2시간만큼은 나를 위해 살았다는 뿌듯함으로 나를 위로할 수 있다.

가족들의 모습뿐만 아니라 세상 모든 만물이 사랑스럽고 경이롭게 보이는 아침을 맞이하자. 조금 일찍 일어나는 습관으로 삶의 질이 달라진다면, 지금부터라도 조금씩 기상 시각을 앞당기는 노력이 필요하지 않을까.

가능성을 현실로 만드는
새벽의 힘

앞서 언급한 80:20의 법칙을 인생에 적용하면 이렇게 해석해볼 수도 있겠다. 인생의 80%의 비중을 차지할 20%의 핵심 요소가 있다고. 20%의 핵심 요소에 집중하면 인생의 80%가 변화한다고 나는 생각한다. 20%의 핵심 요소를 찾아내 그것에 시간을 쓰는 사람과 아닌 사람은 장기적으로 분명 큰 차이가 날 것이다. 내 인생의 핵심 요소가 무엇인지, 우선순위를 어디에 두고 살아야 하는지 생각해본 적이 있는가? 나는 새벽 시간을 통해 그것을 찾아내고 실천하기 시작했다.

내 삶을 바꿀 핵심 가치

──────────── 인생의 80%를 변화시킬 핵심 요소는 과연 무엇일까? 나는 그 밑바탕이 자신만의 '미션'과 '비전', 그리고 '핵심 가치'를 정하는 일이라고 생각한다. 조직의 경영전략으로 주로 다루지만, 한 개인의 인생에도 적용할 수 있다.

어쩌면 너무 거창하다고 생각할지도 모르겠다. 이런 거 없어도 잘 살고 있다고, 또는 아이들 보살피기도 정신없는 엄마가 무슨 미션과 비전이냐고 말할지도 모르겠다. 나도 그랬으니까. 그러나 나는 엄마들도 이 땅에 태어난 한 사람으로서 삶의 목적과 방향을 꼭 가지고 있어야 한다고 생각한다.

그 이유는 첫째, 내 인생의 CEO는 나이기 때문이다. 내가 추구하는 삶의 방향이 없는 사람은 인생의 내비게이션이 없는 것과 같다. 무의식적인 방향, 남들이 중요하게 여기는 방향이 내 것이라고 착각하게 된다. 둘째, 엄마에게 흔들리지 않는 중심이 있어야 그 모습이 아이에게 흘러가기 때문이다. 아이들에게 엄마는 우주다. 우주가 흔들리면 아이는 세상이 두려워진다. 엄마의 인생에 내비게이션이 있어야 자녀교육에서도 흔들리지 않는 주관이 생긴다.

하지만 누가 대신 해줄 수 없는 것이고, 단번에 찾을 수 없는 주제이다. 얼마나 오래 걸리든 자신만의 삶의 목적과 방향을 찾는 것이 무엇보다 중요하다. 그를 위해서는 자기 탐색과 성찰의 시간이 꼭 필요하다. 나는 새벽 시간에 나를 관찰하고 탐구하면서 인생의 핵심 가치, 미션과 비전에 관해 자연스럽게 고민할 수 있었다.

조직 경영전략에서 '미션'은 설립 목적, 사명을 의미하고, '비전'은 미션을 구체화한 목표, 미래상을 의미하며, '핵심 가치'는 신념, 가치관의 역할을 한다. 좀 더 쉽게 이해를 돕고자 《가치관으로 경영하라》의 저자 정진호 소장의 비유를 더하자면, '미션'은 북극성으로, 궁극적으로 추구해가는 목적이다. '비전'은 에베레스트 정상처럼 더는 오를 곳이 없는, 힘들고 어렵지만 도달 가능한 목표이고, '핵심 가치'는 목표를 향해 올라가는 방법이다. 이 조직 경영전략의 기본 원칙을 내 삶에서 적용해보자. '미션=왜 사는가?', '비전=무엇이 될 것인가?', '핵심 가치=어떻게 살 것인가?'라고 말할 수 있겠다.

1. 미션 정하기

내 인생에는 진정으로 타인을 돕고자 하는 '미션'이 없었다.

핵심 요소	비유	적용	관점
미션	북극성	왜 사는가?	WHY
비전	에베레스트 정상	무엇이 될 것인가?	WHAT
핵심가치	정상에 올라가는 방법	어떻게 살 것인가?	HOW

'내 코가 석 자인데 누굴 돕나'라는 마음으로 살았다. 기존에 하는 나눔이라고는 한 달에 얼마씩 소액기부를 하거나, 사용하지 않는 물건들을 기증하는 게 전부였다. 그러나 새벽 시간 나를 들여다보며 진정한 나눔은 금전적인 나눔이 아니라는 것을 깨달았다.《의미 있는 삶을 위하여》의 저자 알렉스 룽구도 자신을 목표로 삼지 말고, 자신보다 더 큰 가치에 헌신하는 사람이 되어야 진정한 성장을 이룰 수 있다고 했다. 그러므로 '내가 왜 사는가'를 생각하며 미션을 정할 때에는 반드시 '나눔'과 '기여'의 가치를 밑바탕에 깔아야 한다. 내 삶을 통해 이 세상에 어떤 작은 변화가 생겼으면 하는지, 어떻게 사회에 기여하고 싶은지를 고민해보아야 한다.《언스크립티드》,《백만장자 메신저》에서도 자신이 좋아하고 잘하는 것으로 타인을 도울 방법을 찾아야 진정한 성공을 이룰 수 있다고 말한다. 선한 '나눔'과 '기여'의 마음으로

자신의 성장을 고민할 때야말로 다른 사람과는 차별화된 나만의 힘을 찾을 수 있다.

그런 마음으로 정한 '나의 미션'은 '모든 존재와 마음으로 연결되도록, 진정한 나답게 살도록 돕는 삶'이다. 함께 성장하고 기여하는 삶을 살고 싶다.

2. 비전 정하기

삶의 '미션'을 정했다면, 그 미션을 실현하기 위해 시도해보고 싶은 일, 죽기 전에 꼭 이루고 싶은 일도 생각해보자. '행동'으로 구체화하는 시간이 꼭 필요하다. 예를 들면, '마음으로 연결되도록 돕는 삶'이라고 미션을 생각했다면 그것을 실현할 수 있는 구체적 행위를 찾는 것이다.

나의 경우 글쓰기, 상담과 조언 등이 있을 수 있겠다. 그렇게 찾아가다보면 삶의 비전이 점점 명확해진다. 앞으로도 계속 강조하겠지만, 남의 생각으로부터 주입된 것이 아닌, 내 안에서 우러나온 비전이어야 한다. 나는 매일 새벽마다 그런 주제의 책을 읽고 생각하며 하고 싶은 일의 목록을 적었다. 새로운 꿈이나 목표가 생기면 목록에 추가했다. 나의 현재 '비전'은 '비폭력 대화를 전파하는 사람, 나만의 교육과정을 가진 교육자, 자녀교육 전문가, 존재로 연결되는 삶을 전하는 작가'가 되는 것이다.

3. 핵심 가치 찾기

핵심 가치는 비전을 이루어가는 방법이자, 인생에서 중요하게 여기고 싶은 가치이다. 이 가치들은 삶에서 일어나는 모든 선택에서 자신만의 판단 기준이 될 수 있다. 가치 목록은 비폭력 대화의 욕구표, 댄 베이커의 《인생 치유》, 브레네 브라운의 《리더의 용기》의 내용을 참고했다.

감사 · 개성 · 공감 · 건강 · 공동체 · 공정 · 관계 · 관용 · 균형 · 기여 · 돌봄 · 만족 · 목표 · 미래 · 발견 · 배려 · 보람 · 보호 · 봉사 · 비전 · 사랑 · 생산 · 성장 · 성취 · 소속감 · 수용 · 신뢰 · 아름다움 · 안전 · 안정 · 애착 · 여유 · 영성 · 연결 · 연민 · 열정 · 용기 · 우정 · 유머 · 이해 · 인내 · 인정 · 일관성 · 자극 · 자유 · 재미 · 정의 · 접촉 · 조화 · 존중 · 존재감 · 즐거움 · 지혜 · 직관 · 진실 · 진정성 · 질서 · 참여 · 치유 · 친절 · 평등 · 평화 · 포용 · 표현 · 품위 · 협력 · 호기심 · 환경 · 확신 · 효율성 · 휴식 · 회복 · 희망 등

위의 가치들은 하나의 예시일 뿐, 이 밖에도 다른 가치를 선택할 수 있다. '감사', '나눔', '성장', '비전', '진정성', '건강' 내가

고른 가치들이다. 고른 가치들을 바탕으로 나의 필명이자 블로그 닉네임 '오감나비'를 만들었다.

내가 중요하게 여기고 싶은 인생의 가치는 무엇인지 생각해보자. 머리로 생각하고 가슴에서 뜨거워지는 진실한 가치를 찾아야 한다.

이렇게 정한 핵심 요소들을 시각화하면 더욱 의욕을 북돋울 수 있다. '시각화'란 실제 현실인 것처럼 선명하게 상상하는 것을 말한다. 선명한 상상을 돕기 위해서 비전보드를 만들자. 자신의 미션과 비전을 바탕으로 구체적인 목록을 작성한 다음, 이미지와 결합하여 게시하면 된다. 이 방법은 수많은 자기계발서에서 강조하는 내용이다. 요즘은 '캔바', '미리 캔버스'와 같은 앱들을 활용하면 쉽게 비전보드를 완성할 수 있다. 만든 비전보드를 나의 아지트에서 가장 눈에 잘 띄는 위치에 두기를 추천한다. 목표가 눈에 선명하게 보이기 때문에 동기부여가 잘되고, 목표의식도 확고해진다. 비전보드는 새벽 시간 의욕에 불타오르게 해주는 불쏘시개다.

《꿈을 이룬 사람들의 뇌》에 따르면 이상적인 이미지에 모든 의식을 집중하는 순간, 뇌에서 새로운 연결을 형성하기 시작해 새로운 회로를 만든다. 비전보드의 이미지를 보며 매일 꾸준히 온 마음을 다해 꿈을 이룬 모습을 상상하면, 이전과는 다른 뇌를 갖게 되는 것이다. 비전보드를 책상 앞에 게시하고, 매일 새벽 바라보자. 잠깐이라도 원하는 내 삶의 모습을 생생하게 떠올리고, 그 꿈을 이루기 위해 노력하는 모습 또한 함께 상상해본다.

새벽 기상을 시작할 당시에는 내 안에서 우러나오는 미션도 비전도 구체적으로 없었다. 많은 자기계발서에서는 목표를 구체적으로 적으라고 말하지만, 나의 현실은 너무 막연했다. 그래서 나는 원대한 목표를 정하기 전에 먼저 정체성을 바꾸는 습관 형성을 목표로 잡았다. 매일 새벽 습관을 다지고 나를 탐색하다보니 꿈도 구체화할 수 있었다. 2021년의 목표 10가지 중 8가지가 습관과 관련된 것이었다. 습관을 지속하며 명확한 미션과 비전을 찾고 난 뒤, 새로운 목표를 중심으로 비전보드를 바꿨다. 구체적이고 현실적인 목표와 계획을 세울 수 있었던 힘은 자기 탐색 시간에 '미션'과 '비전'과 '핵심 가치'를 찾는 것에서부터 시작되었다. 가능성을 현실로 바꾸는 새벽의 힘이 여기에 있다.

새벽에 맛보는
작은 성공의 나비효과

내가 만나본 엄마 중에는 '아이의 꿈'과 '자신의 꿈'을 동일시하는 엄마들이 종종 있었다. 아이가 잘되는 것이 엄마의 꿈이 되고, 아이의 성적이 나의 성적인 듯 여기기도 한다. 엄마와 아이 사이의 심리적 경계가 모호해지거나, 심리적 거리가 너무 가까워진 탓이다. 내가 가진 많은 역할 중에 '엄마'의 비중이 점점 커지며 그 무게에 짓눌리는 것이다.

나에게도 그런 문제들이 많았다는 것을 알아차리게 해준 책이 《엄마 심리 수업》이다. 아이의 문제와 나의 문제를 분리하고, 아이의 꿈과 나의 꿈을 분별할 수 있는 조언이 가득 담겨 있다. 이 책에 나오는 대로 '자기 성찰을 잘하는 현명한 엄마'를 지향하며 노력했다. 아이의 성장목표와 더불어 막연했던 나의 개인적 목표를 조금씩 구체화하기 시작한 것도 그즈음이었다.

여러 자녀 교육서에서 강조하는 내용 중 하나가 자녀가 작은 성공을 맛볼 수 있도록 부모가 유도하라는 것이다. 작은 성공을 통해 자신의 가치를 높게 평가하고, 자기효능감이 높아지면 자연스레 자존감도 높아지기 때문이다. 그런데 올바른 자녀교육을 위해 아이에게는 작은 성공을 맛보게 하려고 노력하면서도, 정작 엄마 자신에게는 그럴 기회를 주지 않고 사는 것은 아닐까?

작은 성공의 맛

─────── 실은 그것이 나의 예전 모습이었다. 그래서 새벽 기상을 시작한 후에는 큰 목표를 이루는 성공을 꿈꾸기보다는 매일 나의 습관을 다지는 작은 성공을 이루기로 마음먹었다. 꾸준히 나쁜 습관을 끊고, 좋은 습관을 들여 '나다운 정체성'을 만들어가고자 했다. 매일 좋은 습관을 작게 쌓아 작은 성공을 이루면 오늘 하루를 의미 있게 살 수 있다.

요즘은 루틴을 넘어 '리추얼ritual'이라는 말이 MZ세대의 유행처럼 번지고 있다. '리추얼'이란 의식절차, 의례라는 뜻을 가진

단어로, '삶의 에너지를 불어넣는 의식적 행위를 반복하는 것'을 말한다. 왜 리추얼이 요즘 뜨거운 것일까? 많은 매체가 코로나 장기화로 인해 찾아온 우울과 무기력, 낮아진 자존감을 극복하고자 찾은 대안이라고 분석하고 있다. 리추얼로 작은 성공을 매일 경험하며 삶의 통제감과 효능감을 느낄 수 있기에 우울감과 무기력이 해소되는 것이 아닐까? 나도 매일 습관화된 나만의 의식을 통해 '작은 성공'의 기쁨을 누리면서 우울감과 무력감을 극복한 것은 물론, 제2의 인생을 사는 느낌이다.

작은 성공의 기쁨을 누릴 수 있는 쉬운 방법으로 '장점 100가지 찾기 챌린지'를 먼저 해보기를 추천한다. 《평범한 일상은 어떻게 글이 되는가》라는 책을 통해 알게 된 방법이다. 이 책의 저자 김진수 선생님은 매년 학급의 학생들과 자신의 장점 100가지 찾기 프로젝트를 진행한다고 한다. 방법은 간단하다. 하루에 10가지씩 10일간 나의 장점을 찾아보며 기록한다. 하루에 10가지가 힘들다면 5가지씩 20일을 해보아도 좋다. 장점이 잘 안 떠오를 때는 가족이나 친구 등 주변 사람들에게 물어보는 것도 도움이 된다. 매일 꾸준히 했다는 성취감과 긍정적인 면을 찾았다는 뿌듯함도 더할 수 있다. '이런 게 장점이 될까?' 싶은 것까지도 찾다보면 나를 사랑하는 마음이 부풀어 오르며 자존감이 높아진다.

나는 100가지를 모두 찾고 나서 그 기록을 블로그에 올렸다. 블로그에 올리면 내가 가진 장점에 대한 다른 사람들의 긍정적인 반응도 얻을 수 있다. 더 자신감을 북돋울 수 있었고, 내가 가진 것에 감사하는 마음이 커졌다. 자녀의 장점 100가지 찾기, 배우자의 장점 100가지 찾기 등으로 확대할 수도 있다. 자녀가 스스로 자신의 장점 100가지를 찾아보도록 할 수도 있다. 가족의 장점을 집중적으로 찾는 활동은 서로를 사랑과 존경의 눈으로 바라보게 해준다.

좋은 습관이 모여 내가 된다

새벽 시간의 작은 성공을 통해 나의 존재가치에 대한 스스로의 평가가 달라졌다. 과거에는 스스로를 '있으나 없으나 티 안 나는 사람'이라고 치부했지만, 이제는 '나를 극복하기 위해 매일 최선을 다하는 사람'이라고 평가할 수 있게 되었다. 이제는 '나도 할 수 있다'라는 합리적인 자신감이 생겼다. 자신감이란 명품을 몸에 휘둘러야 생기는 것도, 예쁜 외모와 날씬한 몸매에서 나오는 것도 아니었다. 남과의 비교에서 비롯되는 것은 더욱 아니다. 진정한 자신감은 내면에서 우러나오는 힘이다. 정신분석의 창시자 프로이트의 딸이자 역시 정신분석의 선구자였던 안나 프로이트의 명언이 내 생각을 대변해주는 듯하다. "나는 힘과 자신감을 찾아 항상 바깥으로 눈을 돌렸지만, 자신감은 내면에서 나온다. 자신감은 항상 그곳에 있다."

매일 새벽 작은 성공을 통해 느끼는 성취감은 나머지 일상에도 나비효과를 가져온다. 새벽에 채운 자기효능감과 자신감으로 남은 하루도 용기 있게 도전하며 살아갈 수 있다. 하루의 시작을 주체적으로 사용하는 힘을 모아 삶 전체를 주도적으로 이끌어가는 사람이 되어간다. 당신도 이 성장의 물결에 동참하지 않겠는가?

장 튼튼 아침 습관으로
정신도 맑아진다

요즘 '장이 두 번째 뇌의 역할을 한다'라는 내용의 칼럼과 기사들을 자주 접할 수 있다. 잘 읽어보면 '장신경계ENS'라는 단어가 꼭 나온다. 장신경계란 중추신경계의 명령이 없이도 자율적으로 위장관에 작동하는 신경계를 말한다. 장신경계가 뇌의 뉴런과 유사한 방식으로 뇌와 직접 소통한다는 것은 이제 수많은 연구를 통해 기정사실화된 것 같다. 《마지막 몰입》에서도 장의 상태가 우리 몸 전체에 영향을 미치고, 뇌와 더불어 장이 우리의 정신 상태를 어느 정도 결정한다고 말한다. 그래서 장을 '복부의 뇌'라고 부르기도 한다.

건강한 식습관은 곧 건강한 정신

──────────────── 우마 나이두 박사의《미라클 브레인 푸드》에서는 식습관과 정신건강이 밀접한 관계를 맺고 있음을 더욱 구체적으로 증명하고 있다. 어떤 음식을 선택하여 섭취하는가에 따라 장내 유익균의 성장이 촉진되거나 억제됨으로써 정신에도 영향을 미친다는 것이다. 장의 문제 중 하나인 변비와 심혈관계 질환, 뇌혈관 질환이 밀접한 관련성을 지녔다는 것을 증명한 연구 결과도 나오고 있다. 미국 테네시대학 헬스사이언스센터의 추적 조사에 따르면, 변비 환자는 변비가 없는 사람에 비해 관상동맥질환 발병 위험률은 11%, 뇌경색 발병 위험률은 19%나 높았다. 장을 건강하게 유지하는 것이 뇌에도 직접적인 영향을 미친다.

식습관이 정신건강에 큰 영향을 미친다는 것을 알고 나서부터는 먹는 것에 더 신경을 쓴다. 예전에는 눈을 뜨자마자 커피부터 마셨다. 요즘은 새벽 루틴을 마치고 건강한 아침 식사 준비를 시작한다. 하루를 일찍 시작하니 아침 식사를 준비하는 시간에도 여유가 있다.

내 아침 메뉴는 커피에서 과일 스무디로 바뀌었다. 조리하지 않은 채소와 과일을 갈아 마시는 것이다. 짧은 시간 안에 간편하게 만들 수 있고, 건강에도 좋다. 기본으로 토마토가 들어가고, 그날 냉장고에 있는 과일들을 곁들인다. 아로니아, 블루베리, 사과 등을 함께 넣는다. 남편은 달달한 맛을 좋아해서 꿀을 첨가하고 내 것에는 자연식품 외에는 아무것도 넣지 않는다. 좀 더 든든한 아침 식사를 할 필요가 있을 때에는 스무디에 삶은 달걀을 하나 추가한다.《아침 과일 습관》의 내용에 따르면, 오전 아침에 먹는 과일의 영양소는 장의 노폐물 배출과 오후에 섭취할 음식의 완전 소화에도 도움이 된다고 한다. 새벽 4시에서 12시까지가 인체의 배출 주기 리듬에 해당하므로 탄수화물 음식보다는 과일을 먹는 것이 좋다고 추천한다.

평소 식사에서도 정제 탄수화물을 자제한다. 예전에는 생각 없이 구미가 당기는 음식을 마구 먹었다. 그 음식에 MSG와 정제 탄수화물이 가득하다는 것을 의식하지 못했다. 건강 식단을 관리하기 시작하면서 MSG와 정제 탄수화물을 과하게 먹으면 다음 날 편두통이 생긴다는 것을 알게 되었다. 평소에 원인을 모르는 편두통이 심해서 진통제를 상비해두고 살았지만, 음식을 선별해서 먹기 시작한 뒤로는 잦은 편두통에서 해방되었다.

물 마시기

———— 워낙 물을 잘 마시지 않고 살았기에 새벽 루틴 습관을 계획할 때부터 '물 마시기'를 시작 습관으로 잡았다. 그때라도 마시지 않으면 거의 종일 물을 마시지 않았기 때문이다. 처음에는 한 컵으로 시작해서 점차 양을 늘렸다. 요즘은 일어나서부터 틈틈이 물을 마셔서 새벽 루틴을 마치기 전까지 최소 1L는 마신다. 그러면 낮에는 1L 정도만 마셔도 하루에 약 2L의 물을 마실 수 있다. 일반적인 하루 물 권장 섭취량은 '체중 X 0.03L'로 계산한다. 50kg의 몸무게라면 하루에 적어도 1.5L 정도는 마셔야 한다.

물을 잘 마시지 않았던 이유 중에는 화장실을 자주 가는 것이 귀찮은 것도 있었다. 그러나 새벽에는 집에 있기 때문에 화장실을 찾으러 다닐 필요가 없으니 마음이 편하다. 게다가 나의 아지트는 화장실 문 앞이다. 그래서 나는 주로 새벽에 물을 많이 마신다.

실제로 물을 많이 마시지 않는 사람의 뇌는 쪼그라들어 있다고 한다. 국립두통재단에 따르면 탈수가 심해지면 편두통까지 초래할 수 있다고 한다. 《마지막 몰입》에서도 뇌의 80%가 물이며, 탈수는 브레인 포그$^{Brain\ fog}$(머리에 안개가 낀 것처럼 멍한 상태가 계속돼 생각과 표현을 제대로 못 하는 현상), 피로, 반응과 사고 속도의 저하를 일으킬 수 있다고 말한다. 이 책에 인용되는 연구에 따르면 수분을 많이 섭취하는 사람은 두뇌력 검사에서 높은 점수를 받는다고 한다. 새벽에 물을 마시기 시작한 이후로 더 정신이 맑아짐을 나도 느끼고 있다.

아침에 물을 충분히 마시는 것은 심근경색, 뇌경색 위험을 줄이는 데에도 도움이 된다고 한다. 자는 동안 땀, 호흡으로 인해 수분이 빠져나가서 혈액의 점도가 높아지는데, 물을 마시면 다시 혈액을 묽게 만들어준다. 또 탈수를 막고 신진대사, 혈액 순환을 촉진할 수 있다. 혈액과 림프액 양이 늘어나면서 몸속 노폐물이 원활히 배출되도록 돕는다. 새벽에 물을 충분히 마시면 변비에 걸릴 걱정도 없다. 물이 위장을 움직이게 하는 위 대장 반사를 일으켜 배변 활동에도 도움을 주기 때문이다.

물을 마시면 피부 세포가 활력을 되찾고 윤택해져 피부 노화도 막아준다고 한다. 나도 물을 많이 마시는 습관을 들인 이후로 얼굴 모공의 크기가 줄어들었다는 느낌을 받았다.

물을 마실 때 물의 온도는 미지근한 것이 좋다. 각종 세균이 많아진 입속을 먼저 헹군 후 미지근한 물을 마시면 급속히 신진

대사를 끌어올릴 수 있다고 한다.

유산균 먹기

—————— 나는 물을 마시고 나면 바로 유산균을 먹는 것이 습관이다. 장내 유산균이 부족할 경우 불안과 강박 장애가 더 심해질 수 있다는 연구 결과가 있다. 2017년 버지니아대학교 의과대학에서 진행한 동물 실험에 따르면, 유산균이 우울증에 걸린 쥐를 회복시켰다고 한다.

유산균을 살아 있는 상태로 섭취하는 것이 건강한 정신 상태에도 도움이 된다고 한다. 또, 장내 박테리아의 균형은 호르몬, 면역체계, 미주 신경과 직접 상호작용하면서 뇌와 소통하고, 이 소통은 쌍방향으로 이루어지기 때문에 뇌 또한 장내 박테리아에 영향을 미칠 수도 있다고 한다.

카페인 줄이기

—————— 과거에는 아침에 눈을 뜨자마자 커피부터 마셔야 정신이 들었다. 그 정도로 카페인 중독이었다. 하루에 커피를 네다섯 잔은 기본으로 마셨고, 피곤한 날은 더 마시기도 했다. 안 좋은 습관으로 역류성 식도염을 달고 살았다. 그러나 지금은

새벽 2시간 루틴을 모두 마치고 끝맺음 의식으로 가끔 모닝커피를 마시고, 하루에 두 잔 이상은 자제한다.

커피는 이뇨 작용을 촉진해 마신 커피의 두 배 정도의 수분이 몸속에서 빠져나갈 수 있다. 요즘은 커피 한 잔을 마실 때 500mL의 물을 더 마시는 것을 원칙으로 한다. 커피 섭취 후 물을 마시면 입속을 헹구는 데 도움이 되고, 진한 카페인의 농도를 낮추는 데도 좋다.

건강한 식습관을 유지할 수 있도록 나를 일깨우는 좋은 방법은 아침에 눈을 뜨자마자 화장실에 다녀온 후의 체중을 점검해보는 것이다. 평소 몸무게와 비교해 확연히 늘어난 날은 몸을 조금 더 움직여 열량을 소모하거나, 식단을 조절해서 먹는 양을 줄인다. 며칠 동안 관리하면서 다시 평소의 체중으로 돌아오도록 한다. 나는 새벽 기상을 시작한 후, 한참 불어났던 몸무게를 7킬로그램 감량하고 50킬로그램 초반대의 체중을 꾸준히 유지하고 있다. 건강한 아침 식단은 평소 식사 관리에도 영향을 미친다. 그리고 건강한 식습관이 뇌에도 영향을 미쳐 다음 날 새벽에 더 맑은 정신을 갖게 해주는 선순환으로 돌아온다.

지금 바로 실천할 수 있는
기분 전환 아침 습관

잠깐의 행동만으로도 마음가짐이 바뀌는 것을 느껴본 적이 있는가? 예를 들면 춤을 추거나, 자세를 바꾸거나, 음악을 들으면 기분이 전환된다. 당신은 아침에 어떻게 기분을 환기하는가? 내가 실천하고 있는 습관 중에서 잠깐의 시간을 투자해서 아침의 기분을 바꿀 수 있는 방법을 소개한다. 책이나 기사를 읽고 알게 되어 적용한 방법도 있다.

화장실 거울을 닦고 미소 짓기

화장실 거울은 물이 튀어서 쉽

게 지저분해진다. 화장실은 거울, 수전과 같이 반짝이는 부분들만 깨끗이 닦아도 깔끔해보인다. 닦을 때는 마른 수건을 쓰는 것이 훨씬 수월하다. 그래서 나는 세수하고 난 후 화장실을 나오기 전, 빨아야 하는 수건으로 거울을 닦는다. 세수하고 스킨로션을 묻혀 얼굴을 닦은 뒤, 스킨 솜도 그냥 버리지 않는다. 다 쓴 스킨 솜으로 수전의 물 얼룩을 닦는다. 얼룩이 깨끗하게 지워지면 내 기분도 상쾌해진다. 그러고 나서는 깨끗해진 거울을 바라보고 웃어본다.

억지로라도 웃음을 지으면 행복해진다는 사실은 연구로도 증명되었다. 특정 표정을 지으면 그 표정과 관련된 정서가 유발된다는 심리학 이론인 '안면 피드백 가설'의 증명이다. 독일의 사회심리학자 프리츠 스트랙이 실험 참가자를 두 그룹으로 나누어 한 그룹은 볼펜을 이로 물고 만화책을 보게 하고, 다른 그룹은 입술로 물게 했다. 입술로 문 참가자들보다 이로 볼펜을 문 참가자들이 더 재미있게 만화를 평가했다. 프리츠 스트랙은 '행복해서 웃는 것'이 아니라 '웃어서 행복하다'라고 말했다.

한국웃음임상치료학회 이임선 회장의 말에 따르면, 거울을 보면서 뺨을 자극한다는 느낌으로 15초 이상 눈꼬리를 내리고 입꼬리를 올리면 우리 뇌는 웃고 있다고 생각하고 행복 호르몬이라 불리는 세로토닌을 분비한다. 아침에 등교하기 전에 현관 거울 앞에 서서 아들과 함께 입꼬리 올리는 연습을 종종 한다. 그리고 함께 외친다.

"오늘 하루도 즐겁고 행복하게 보내자!"

한결 기분이 좋아진다. 잠깐의 수고로 깨끗해진 거울과 수전을 보며 뿌듯함을 느끼고, 안면 근육 운동으로 행복해지자.

창문 열고 바깥의 공기 들이마시기

책상에 앉기 전에 먼저 창문을 열고 바깥 공기를 들이마시며 심호흡을 한다. 심호흡을 하면 대량의 산소가 몸속으로 들어가 혈류 활성화를 돕고 노폐물이 배출되기 때문에 피로를 날리는 데에도 효과적이다. 상쾌한 공기가 온몸에 퍼져감을 느끼며 들숨 날숨에 집중해 여러 번 호흡해보기를 권한다.

아침에 잠깐이라도 창문을 열어두면 밤새 탁해진 실내 공기를 빼내고 신선한 공기를 들일 수 있기에 가족의 건강에도 도움이 된다. 해가 뜨기 전에는 대기가 침체해 오염 물질이 바닥에 정체되어 있을 수 있어 환기는 낮에 하는 것이 좋다고 하는데, 나는 낮에는 집을 비울 때가 많아 아침에 해가 뜬 후 환기를 한다.

자신감을 부르는 자세 1분

―――――――――――― 《프레즌스》에서는 몸의 자세를 통해서도 정신을 형성할 수 있다는 것을 실험 결과를 통해 증명하고 있다. 확장적인 자세가 그 사람에게 자기가 더욱 강력해졌다는 감정을 느끼도록 유발한다는 것이다. 단 한 차례만 취해도 자신감 및 불안 관련된 호르몬 수치가 상당한 수준으로 달라질 수 있다고 한다. 이 책을 읽고 나서부터 나도 책상에 앉기 전에 확장적 자세를 취한다. 확장적 자세는 자신감이 넘치는 자세다.

어깨를 뒤로 젖히고 가슴을 활짝 연다. 턱을 치켜들고 두 팔을 벌리고, 호흡을 천천히 깊게 한다. 잠시 멈추어 이 행동으로 발휘되는 힘의 효과를 느껴본다. 자신감이 생기며 새벽 시간을 알차게 보낼 수 있다는 희망에 찬다.

한동안은 블로그에 매일 글을 쓰는 일이 부담되고, 스트레스를 받기도 했다. 심지어는 꿈속에서도 머리를 쥐어짜며 고민하는 내 모습을 보기도 했다. 그러나 확장적 자세를 취하고 나면 좀 더 자신감이 생겼다. 간단한 자세 교정만으로도 기분을 전환할 수 있다.

3분 책상 청소

_____ 3분 동안 먼지를 닦아내고 책상에 어질러진 물건을 정돈한다. 깨끗하게 정돈된 책상을 바라보면 마음도 뿌듯해진다. 책상을 정리하고 닦으며 마음의 부정적인 생각도 함께 청소한다고 상상한다. 그러려면 청소하는 동안 하는 일에만 집중해야 한다. 멀티태스킹을 하면서 청소하는 것은 지양한다.

고전 1쪽 읽기

_____ 한쪽만 읽으면 되니 부담이 없고, 하루의 시작에 독서 습관을 끼워 넣었다는 뿌듯함이 있다. 나는 읽고 나서 기억에 가장 남는 한 문장 정도를 따로 표시하고 기록했다. 고전은 오래 곱씹고 생각하며 읽는 것이 더 도움이 된다. 읽은 내용을 하루 동안 떠올리며 나에게 다가오는 의미를 나름대로 해석하면 더 오래 기억할 수 있다.

현관 정리

_____ 풍수지리설에서는 현관이 집의 좋은 기운을 불러 모아주는 통로라고 여긴다. 현관에 신발이 많다면 신발 정리부터 하자. 현관에 가족들이 신는 신발 한 켤레씩만 꺼내둔다면 정

리가 훨씬 쉬워진다. 우리 가족은 세 명이라 현관에는 신발을 세 켤레만 꺼내둔다. 그래서 현관의 먼지를 빗자루로 쓰는 것은 1분이면 가능하다. 1주일에 한 번 정도는 사용한 물티슈를 버리기 전에 현관 바닥 타일을 닦기도 한다. 출근 전 깨끗해진 현관 정리 하나로도 성취감을 느낄 수 있다.

10분 간단 운동

─────── 책상에 앉아서 간단히 1분 동안 목 림프 마사지를 하는 것만으로도 훨씬 개운하고 정신이 명료해진다. 스트레칭을 하거나, 실내자전거 타기를 하며 워밍업을 할 수도 있다. 매일 하기가 힘들다면 요일을 정해서 해도 좋다. 운동 알람 설정도 도움이 된다. 나는 실내자전거 운동이 지겨웠는데, 책을 올려놓고 읽는 방법을 찾고 나서는 30분도 거뜬히 한다. 이럴 때는 멀티태스킹이 가능하다.

10분 산책

─────── 정신과 의사인 가바사와 시온은 아침 햇살을 맞으며 산책하기를 권한다. 산책이 의욕과 기분에 관련된 뇌내 물질인 '세로토닌' 분비를 촉진한다는 것이다. 또한 햇빛을 5분 이상 쐬

는 것은 생체리듬을 조절하는 데 도움이 되고, 비타민D를 생성하도록 해준다.

틱낫한 스님은 산책을 '보행 명상'이라고 칭하기도 했다. 걸으며 명상하는 시간으로 활용할 수도 있고, 뇌에 휴식을 주고 감사를 누리는 시간을 가질 수도 있다. 걸을 수 있음에 감사하고, 내 눈앞에 펼쳐지는 풍경의 아름다움에 감사하며 잠깐의 걷기를 만끽해보자.

등굣길에 아이를 바래다주는 데 10분 정도 걸린다. 그 길에 아이와 함께 많은 것들을 관찰한다. 꽃과 나무를 관찰하기도 하고, 사람들을 관찰하기도 한다. 어제와 달라진 풍경을 찾기도 한다. 일상에서 흔히 볼 수 있는 것들로부터 쉽게 행복을 누리는 방법이다. 요즘은 코로나 때문에 마스크를 쓰지만, 주위에 사람이 아무도 없을 때면 잠깐 마스크를 내리고 코로 아침 공기를 힘껏 들이마신다. 그렇게 상쾌할 수가 없다.

틈새 호흡 명상

───────── 내가 여기에서 말하는 '틈새 시간'은 돌발 상황으로 생긴 잠깐의 시간이다. 예를 들면 출근 시간에 엘리베이터를 기다리거나, 대중교통을 타기 위해 기다리는 시간이다. 또는

건널목을 건너려는데 빨간불로 바뀌어 건너지 못해 조금 더 기다려야 되는 상황이 발생할 때이다. 나는 놀이공원에서 놀이기구를 타기 위해 줄을 서서 기다리는 상황에 틈새 호흡 명상을 해보기도 했다.

예전에는 그런 상황이 벌어지면 기회를 놓쳐 안타깝고, 때론 짜증이 났다. 특히 아침 출근 시간에 엘리베이터를 하염없이 기다리는 시간에는 마음이 초조하다. 그렇지만 내가 초조해하거나 짜증을 낸다고 해서 그 시간이 줄어드는 것은 아니다. 상황은 변하지 않는데 내가 미래의 일을 현재로 끌고 와서 걱정과 염려를 하므로 그런 감정이 올라오는 것이다.

내가 어찌할 수 없는 상황이 벌어져서 잠깐의 틈이 생겼을 때, 머릿속에서 떠오르는 생각을 알아차린다. 그 생각에 휩쓸려 불편한 감정을 만들어내지 않도록 호흡에 집중한다. 때로는 주변에 보이는 것들에 주의를 집중하여 관찰한다. 내게 주어지는 잠깐의 틈새 시간을 마음을 평안하게 하는 데 쓰는 것이다. 어디에 주의를 집중하느냐에 따라 나의 의식이 달라지고 감정도 변한다. 잠깐의 명상은 기분을 전환하고, 에너지를 충전하는 데 단연최고의 방법이다. 명상의 구체적인 방법은 4장에서 자세히 다루려고 한다.

실천할 수 있는 것들을 선택해서 행동으로 옮겨보고, 기분전환의 힘을 느껴보자. 이러한 사소한 습관들이 모이면 하루의 일상을 변화시키고, 나아가 나의 인생도 긍정적으로 바꿀 수 있다고 믿는다. "아무리 작은 일이라도 정성을 담아 10년간 꾸준히 하면 큰 힘이 된다. 20년을 하면 두려울 만큼 거대한 힘이 되고, 30년을 하면 역사가 된다"는 중국 속담이 있다. 아무리 사소한 습관이라도 꾸준히 지속하면 나만의 뜻깊은 역사가 될 것이다.

4장

깊이 있게
몰입하는 새벽 2시간
활용법

내면이 성장하는 새벽의 비밀,
관찰

밤새 세상 돌아가는 소식이 궁금해 아침에 뉴스 페이지를 열어보면 나도 모르게 부정적인 제목의 기사부터 클릭하곤 했다. 읽고 나면 불안하고, 답답하고 때론 화가 났다. 그래서 이제는 아침에 뉴스 보기를 피한다. 정신건강을 해치는 것 같아서다. 보더라도 오후에 보려고 한다.

펜실베이니아 의대 시어 갤러거 박사는 부정적 뉴스를 클릭하는 행위가 그런 일이 닥쳤을 때 통제하거나 피해갈 수 있는 해법을 찾기 위함이라고 말했다. 그러나 대개 해법은 찾지 못하고 불안, 우울, 외로움을 느끼게 된다고 한다. 아침에 뉴스 기사를 클릭하는 것이 하루 시작에 부정적 기운을 불러오는 것은 아닐까? 시끄러운 세상 소식으로 고요한 새벽 성스러운 시간을 얼룩지게 하는 것은 아닐까?

관찰의 힘

————— 하루를 시작할 때, 뉴스를 보며 분주한 마음에 혼란을 주기보다, 평온한 고요를 만끽하는 것이 어떨까? 새벽에는 차분히 나를 들여다보는 시간을 가지기를 추천한다. 나와 일상을 관찰자 시점에서 탐색해보는 것이다.

새벽 시간이 '관찰'하기에는 최적이다. 저녁보다 훨씬 객관적인 시각에서 볼 수 있고, 관찰에서 가장 중요한 '호기심'을 살리기에 최고로 좋은 시간이기 때문이다. 일상을 호기심 어린 시선으로 관찰하는 것은 삶을 깊이 누리게 해준다.

'관찰'이라고 하면, 돋보기를 들고 무언가를 자세히 들여다보는 장면이 연상되지 않는가? 관찰은 크게 2가지로 나눠볼 수 있다. 밖에서 일어나는 상황을 관찰하는 것, 그리고 내 내면을 관찰하는 것.

먼저 상황을 관찰한다. 내 느낌을 자극하는 어떤 일들이 일어날 때 그 상황을 최대한 객관적이고 구체적으로 보는 것이다. 평가나 판단, 해석을 섞지 않고, 보고 들은 그대로의 사실만을 바라본다. 나도 모르게 평가가 섞인 관찰을 할 때 그것을 복기하며 '사실'과 '의견'을 분리해본다.

그리고 나의 내면을 관찰한다. 이때의 관찰은 어린아이가 처음 무언가를 만났을 때처럼 편견의 안경을 벗고 있는 그대로를 온전히 보는 것이다. 내 몸에서 느껴지는 감각, 상황에 수반되는 느낌, 나의 머릿속에서 일어나는 해석과 판단을 호기심을 가지고 관찰한다. 관찰을 통해 내 안에 꿈틀거리고 있는 욕구도 찾아낼 수 있다.

관찰하는 방법

──────── 불편한 느낌을 자극하는 어떤 일이 일어났을 때, '실제 일어난 일'과 그것을 받아들이는 '내 생각'을 구분한다. 또, 그 상황으로 인해 내 안에서 일어나는 감정의 댄스를 관찰한다. 내게 주어지는 상황을 평가하거나 판단하지 않고, '관찰'을 통해 바라보는 방법을 한번 알아보자.

1. 벌어진 일을 구체적이고 객관적으로 표현하기

예) 상대가 나를 무시했다. → 내가 부르는 말에 상대가 대답이 없었다.

아이가 말대꾸를 했다. → 내 말을 듣고 아이가 '나는 생각이 다르다'라고 말했다.

'무시했다'라는 것은 상대의 말과 행동을 보고 내린 나의 판단이다. '의심을 받았다', '속았다', '배신당했다', '오해받았다', '강요받았다'라는 말로 표현했다면 그것은 판단과 해석이지, 관찰에서 비롯된 말이 아님을 알아차리고 다시 바꿔 묘사해본다.

2. 상황을 받아들이는 내 생각을 알아차리기

예) 나는 '~한다'라고 생각하고 있구나. (내 생각)

'무시했다'를 '무시한다고 생각하고 있구나'로 바꿔 말하기만 해도 느낌이 달라진다. 사실이 아니고, 생각임을 알아차릴 수 있다. '말대꾸'라고 표현한 것도 그 존재를 나와 동등하게 여기지 않고 상하관계로 바라보는 자신의 시선 때문임을 알아차릴 수 있다.

3. 그 생각이 불러오는 몸의 감각과 감정을 관찰하기

상황이 내 감정을 불러온 것이 아니다. 상황을 받아들인 내 생각의 필터가 그 감정을 불러오는 것이다. 이때는 몸의 감각이 어떻게 변화하는지 관찰했다.

> 예) 나를 무시한다고 생각할 때 (내 생각) → 가슴이 조여오는 듯
> 하고, 머리에 열감이 느껴졌다. 저절로 주먹이 쥐어지고, 호흡이
> 조금 가빠졌다. (몸의 감각 관찰) → 속상하고 억울했다. (감정)

몸의 감각을 관찰하다보면 내 감정을 더 잘 알 수 있다. 예전에는 내 감정을 나도 모르겠다고 생각할 때가 많았지만, 관찰 연습이 나의 감정을 잘 알아차리는 데 도움이 되었다. 같은 자극이 와도 그에 따른 반응은 사람마다 각기 다르다. 자신의 감각과 감정을 관찰하는 연습은 스스로를 잘 이해하게 해준다. 나는 불편한 자극이 오면 긴장하고 몸이 움츠러들 때가 많다. 그 감각과 감정이 충족되지 않은 욕구를 알려주는 몸의 신호임을 알아차린 이후 감정을 억누르거나 회피하지 않게 되었다.

관찰 연습은 내 생각이 진실이라고 굳게 믿으며 그 해석에 빠져들어가는 것을 막아준다. '관찰'은 '알아차림'의 시작이며, '알아차림'은 '선택할 수 있는 능력'의 시작이다. 관찰을 통해 불편한 상황을 맞닥뜨렸을 때 나도 모르게 튀어나오는 무의식적 반응을 알아차리면, 이후에는 그 반응을 의식하며 점차 줄일 수 있다. 자극과 나의 반응 사이에 공간을 만들어가는 것이다. 편도체

가 더 뜨거워지기 전에 전두엽 신피질이 차분하게 식힐 수 있는 시간을 준다. 자신의 의지로 선택하는 힘이 길러지고, 그 힘이 변화와 성장을 이끈다. 그것이 관찰을 해야 하는 궁극적인 이유다.

혼자만의 시간에 관찰 연습을 하게 된 계기는 부부 갈등 극복을 위해서였다. 이혼 위기의 우리 가정을 회복시키고, 아들에게 행복한 부모의 모습을 보여주고 싶은 절박한 심정으로 관찰 연습을 했다. 남편에게 향해 있던 문제의 초점을 '관찰'을 통해 내 안으로 돌렸다. 그렇게 되기까지는 꽤 많은 시간이 필요했다.

괴로웠거나, 화가 났던 상황을 혼자서 복기하는 것이 사실 쉬운 일은 아니다. 자칫하면 생각이 꼬리를 물어 과잉해석으로 더 나를 괴롭히는 꼴이 될 수도 있다. 평가나 해석을 하지 않아야 하고, 평가나 해석으로 흘러가고 있는 내 생각을 알아차릴 수 있어야 한다. 마셜 로젠버그의 《비폭력 대화》, 박재연의 《나는 왜 네 말이 힘들까》 등의 책을 찾아 읽고 참고하고 적용했더니 조금 수월했다. 내 경험에 의하면, 이러한 관찰은 혼자 시간의 여유를 두고 충분히 복기해야만 돌발 상황에서도 '상황+생각+느낌'으로 구분하여 알아차리는 것이 가능해진다. 꾸준히 연습하지 않으면 또다시 상황 속에 내가 매몰되어버린다. 그럴 땐 다시 혼자 관찰하는 시간을 충분히 가져야 한다. 여전히 지금도 연습 중이다.

새벽에 호기심 어린 시선으로 관찰하는 연습을 하자. 그러면 진짜 중요한 것을 분별하는 힘이 생긴다. 내 생각의 판단과 편협한 시각을 깨는 자기 관찰의 시간으로 나를 개선해나가자. "사람들은 그들의 환경을 개선하려고 애를 쓴다. 하지만 자신을 개선하는 데는 소극적이다. 그래서 늘 갇혀 있게 된다"라는 제임스 알린의 말을 기억하자. 나를 개선해나가는 관찰이 가능할 때, 진정한 내면의 성장이 이루어진다. 이것이야말로 인생을 성공적으로 사는 방법 아닐까?

내가 나를 공감하지 못하면
아무도 공감할 수 없다

"행복의 90%는 인간관계에 달려 있다." 키르케고르의 명언이다. 그의 말처럼 삶에서 좋은 관계를 맺는 것은 더없이 중요하다. 인간은 좋은 관계를 통해서 성장하기 때문이다. 그렇다면 좋은 관계란 어떤 관계일까? 나는 진정으로 '공감'을 나눌 수 있는 연결된 관계가 좋은 관계라고 생각한다. 역지사지의 공감이 삶을 풍요롭게 해주고, 인간을 성장시키는 핵심 열쇠라고 믿기 때문이다. 타인과의 관계에서뿐만 아니라, 나 자신과의 관계에서도 공감은 중요하다.

우리는 공감이 점차 사라지고 있는 시대에 살고 있다. 미국의 심리학자인 자밀 자키의《공감은 지능이다》에 나오는 연구 자료에 따르면, 1979년 사람들과 2009년의 평균적인 사람들을 비교할 때 공감 능력이 무려 75% 이상 떨어졌다. 2020년 이후의 공감 능력 수치는 어떨까? 코로나 이후 비대면이 일상화되어 직접 마주할 기회가 줄어드니 자연히 공감의 기회 또한 급격히 줄어들고 있다. 자밀 자키의 말처럼 연습을 통해 공감 능력을 키울 수 있다면 현시대 상황에서 우리는 더 의도적으로 공감을 연습해야 하지 않을까.

나는 '진정한 공감'이란 '존재 의식'이라고 말하고 싶다. 공감은 타인을 나와 동일하게 소중한 존재로 의식하는 것에서부터 출발하기 때문이다. 그러므로 '공감 연습'은 '존재 의식을 일깨우는 연습'이라고 할 수 있다. 나의 의식 수준을 높이고, 공감 능력 또한 높일 수 있는 방법으로 자기 공감 연습을 추천한다.

자기 공감 연습

_____ '자기 공감 연습'은 보통은 일상에서 일어나는 일 중에 후회되거나 불편한 감정을 느꼈던 것을 떠올리며 내 마음의 소리에 귀 기울이는 것이다. 내 감정과 욕구가 무엇이었는

지 반추해보는 연습을 통해 반복되는 갈등을 해결할 수 있다. 나의 경우 특히 가족과의 관계 향상에 큰 도움이 되어, 내 인생의 가장 중요한 관계를 풍요롭게 만들 수 있었다.

 《비폭력 대화》에서 배운 내용을 응용한) 오감나비의 자기 공감법

1. 불편한 감정을 느꼈던 과거의 상황을 떠올리고, 마치 영화의 한 장면을 묘사하듯 최대한 관찰자 시점으로 써본다.
   예) 코로나로 비대면 줌 수업을 위해 노트북 앞에 앉아 있는 아들을 보았다. 아들의 몸은 의자 밑으로 점점 내려가고 있고, 멍한 표정으로 앉아 있다. 아들을 보고 나는 '딴생각하느라 집중을 못 하고 있구나'라고 해석하고 "그렇게밖에 못해?"라고 말했다.

2. 그 상황에 대해 떠오르는 내면의 목소리를 충분히 듣고 기록한다. (비난의 말도 모두)
   예) - 그 상황에서 네가 아들 마음에 공감해주어야지, 누가 하겠니?
   - 넌 또 아이한테 화를 냈구나. 그런 말투가 아이를 망치고 있는 거야.
   - 차라리 아무 말도 하지 말 걸 그랬다. 넌 아직도 한참 부족한 엄

마야.

3. 상황을 복기하며 나타나는 몸의 감각을 관찰하고, 느끼는 감정도 기록한다. (다시 같은 감정이 느껴지더라도 직면하고 받아들이고 흘려보낸다.)

예) 몸의 감각: 얼굴이 화끈거린다. 뒷목이 뻣뻣하다. 가슴을 조이는 느낌이 든다.

감정: 답답하다. 염려된다. 신경 쓰인다. 조바심이 난다. 걱정된다.

4. 내가 한 말과 행동에 대해 '내가 왜 그랬을까?' 질문하며 답을 적어본다. 당시 나에게 중요했던 가치(욕구)가 무엇이었는지 찾아본다.

예) - 아이가 수업에 적극적으로 참여하는 모습을 보는 것이 나에게 중요했는데, 꼭 그렇게 자극적인 말투로 그런 말을 뱉어야 했을까. 나는 왜 그런 선택을 한 걸까. 내 목소리로 아이에게 빨리 자극을 주는 것을 내가 선택했구나. 내 안의 부정적인 감정을 뱉어내는 자기표현을 하는 것이 그 당시 나에게 중요했구나.

- 아이의 힘든 마음에 공감해주어 아이에게 조금이나마 도움이 되었더라면 하는 아쉬움과 후회가 든다는 것은 내가 아이의 삶에 기여하고 싶은 욕구가 있었구나.

- 내가 '아이의 마음을 잘 공감해주는 엄마'라는 자기효능감을 얻

지 못해 수치심이 든다.

- 아이가 스스로 잘할 거라는 신뢰가 나에겐 중요했는데 그것이 나에게 충족되지 않았다. 그럼 아이가 스스로 잘 알아서 할 거라는 신뢰는 나에게 왜 중요할까? 할 일을 알아서 하는 아이를 보면 내가 마음이 편안해져서? 가르치기 위해 애쓰지 않아도 되니 마음이 편해서? 나는 마음의 평화가 가장 중요했구나.

5. 당시에는 그것이 내가 할 수 있었던 나름의 최선임을 수용하고, 그때의 내 모습을 위로하고 용서한다.

6. 내게 중요했던 가치를 충족할 수 있는 다른 방법을 모색해 본다.

예) 아들의 모습이 나에게 자극이 될 때 멈추고 심호흡을 하겠다. 바로 말을 뱉기보다 자리를 옮겨 잠시 내 안의 부정적 감정을 관찰하겠다. 아이에게 반응하기 전에 마음의 공간을 조금 더 만들겠다. 아이의 욕구와 감정에 공감해주고 부탁하는 말을 이렇게 하고 싶다.

"매일 지루한 수업을 듣느라 힘들지? (등을 토닥이며) 엄마는 아들이 집중할 수 있게 돕고 싶은데, 어떻게 도와주면 좋겠니?"

이런 연습은 아이가 알 수 없는 짜증을 부릴 때나 떼를 쓰는 모습을 보며 불쑥 올라오는 분노의 감정을 스스로 돌보는 데 특히 유용했다. 자기 공감 연습을 통해 상황을 돌아보고 나면, 감정도 차분히 가라앉고 상대의 마음은 어땠을지 헤아릴 수 있는 여유가 생긴다.

자기 공감 연습으로 어릴 적 상처 돌보기

──────────────────────────────── 자기 공감 연습을 통해 고질병 같던 마음의 상처를 스스로 위로하고 치유하기도 했다. 지속적으로 나를 힘들게 하는 감정이 있었는데, 바로 '홀로 남은 것 같은 외로움'이었다. 딱히 그럴 만한 정황이 없는데도 나는 가끔 이유 없이 외로움에 사무쳐 울기도 했다. 특히 혼자 있을 때 문득문득 찾아왔다. 그 외로움이 어디에서 비롯된 것인지 자기 공감 연습을 꾸준히 하면서 알게 되었다.

그 감정의 뿌리는 어릴 적 기억으로부터 시작된다. 부모님이 이혼하신 후 친척 집에 얹혀 지내며, 아무도 없는 빈집에서 나혼자 울고 있던 기억이다. 버려졌다는 슬픔과 혼자뿐이라는 외로움이 어른이 될 때까지도 내 무의식에 남아 나를 힘들게 하고 있었다. 웅크리고 울던 그 자세까지 하나도 변한 게 없었다. 나는 잊었다고 생각했지만, 내 몸이 기억하고 있었다.

그 장면을 다시 떠올린다. 처음엔 떠올리기만 해도 슬픔이 복받쳐 올라 감당하기 힘들었다. 괜히 아픈 기억을 끄집어내 스스로 고통을 자초하는 게 아닌가 싶기도 했다. 슬픔이 흘러가기를 물끄러미 지켜보며 아무것도 하지 않은 채 숨을 고른다. 그 슬픔의 감정이 어떻게 잔잔해지다가 사라지는지를 지켜보며 기다린다. 사실 진정이 되지 않아서 중간에 그만둔 적도 많았다. 다시 시작하는 마음으로 반복했다. 차츰 그 깊이가 얕아졌고, 그때의 느낌을 애도할 수 있었다.

'의지할 사람이 아무도 없다고, 세상에 혼자라고 생각하니 외로웠구나….'

'버림받았다는 생각에 슬프고 괴로웠구나….'

당시에는 아무에게도 공감받지 못했던 그때의 나에게 어른이 된 내가 다가갔다. 공감하고, 위로해주었다. 나에게 어떤 욕구가 채워지지 않아서 그런 느낌이 드는지 떠올려보았다. 당시 나에게 꼭 필요했던 것이 무엇이었는지를.

'그때 나에게는 따뜻한 애정이 필요했구나.'

'내 슬픔을 표현할 수 있는 존재가 곁에 있기를 바랐구나.'

'부모님과 함께 있고 싶고, 돌봄을 받기를 바랐구나.'

이때 '나비 포옹법'을 하는 것도 도움이 된다.

나비 포옹법은 두 팔을 벌려 X자로 교차하고 가슴에 얹은 뒤 양 손바닥으로 어깨를 토닥토닥 번갈아 두드리는 것을 말한다. 양쪽 어깨를 번갈아 살짝 잡아주어도 좋다. 심리학자 프랜신 사피로는 "나비 포옹을 하면서 왼손과 오른손을 번갈아 가며 사용하는 것이 뇌의 양쪽을 활성화해 불안감을 줄이고 트라우마에서 벗어날 수 있도록 도와줄 수 있다"고 말한다. 머릿속으로 안전한 곳을 상상하거나 자신이 안전하다는 것을 의미하는 단어나 문장을 머릿속에 되풀이하면서 나비 포옹법을 하면 더욱 큰 효과를 낼 수 있다고 한다.

더 나아가서 나에게 필요한 것, 충족되지 않은 욕구가 왜 중요한지 스스로 묻고 내 생각을 관조해볼 수도 있다.

'왜 나에게는 사랑받는 것이 이토록 중요할까?'

그러자 '사랑'의 욕구가 충족되지 않았던 어린 시절 나의 모습이 떠올랐다. 어른이 되어서도 인정과 사랑에 갈급해 있었던 나를 이해할 수 있게 되었다. 그 뒤로는 혼자 있을 때 엄습해오던 사무치는 외로움이 자연스럽게 사라졌다.

초 감정 알아차리기 연습

자기 공감 연습을 통해 초 감정Meta-

Emotion을 알아차리면 무의식적 반응을 끊을 수 있다. 초 감정이란 '메타 감정'이라고도 하며, 감정에 대한 인식, 기억, 경험 등이 복합적으로 얽힌 감정에 대한 태도, 믿음, 기분을 뜻하는 단어이다. 한마디로 정의하자면 '자신이 느낀 감정에 대해 느끼는 감정'이다. 예를 들면, 과거에 느꼈던 감정이 현재 가족들과 대화하면서 나오는 경우를 들 수 있다.

나의 초 감정이 무엇인지 혼자 조용히 생각하는 시간을 가졌다. 누군가 화를 낼 때 반사적으로 나타나는 나의 반응이 있다. 몸이 얼어붙고, 머릿속이 하얘진다. 공포심에 생각과 판단이 멈춰버린다. 그 익숙한 연쇄반응은 어릴 때부터 자주 일어났던 것이었다. 그 감정과 느낌을 떠올리자 어린 시절 어느 장면이 떠올랐다.

엄마는 회초리를 들고 화를 내고 있다. 아이는 무릎을 꿇고 앉아 아무 말도 못 하고 흐느끼고 있다. 그때의 아이가 아직도 어른이 된 내 안에 남아 있다. 화를 내는 사람을 볼 때 비슷한 몸의 느낌, 감정이 올라온다. 그것을 처음 알아차린 순간, 가슴속에 슬픔이 한없이 솟구쳤다. 한동안 하염없이 울었다. 수없이 슬픔을 흘려보내고 내 안의 상처받은 아이를 토닥여주었다.

'넌 이제 그런 나약하고 힘없는 아이가 아니야. 넌 이제 자신

을 지킬 수 있는 충분히 강한 어른이야.'

나의 초 감정을 알게 되고, 남편과 대화를 나누었다. 한참을 생각하던 남편도 자신의 초 감정을 알아채고 이야기해주었다. 서로의 초 감정을 털어놓자, 서로가 서로에게 왜 그렇게 행동할 수밖에 없었는지를 이해할 수 있었다. 상대의 반응에 담긴 역사를 알게 되자, 그 모습을 연민의 마음으로 바라볼 수 있었다. 상처받았던 어린 시절을 서로 위로하며 보듬어주었다. 또 각자의 초 감정이 건드려지지 않도록 배려하며 대화하는 방법을 찾아갔다. 그리하여 수년간 반복되었던 다툼의 패턴을 끊어냈다. 초 감정을 알아차리고 진심으로 공감하는 힘! 그것이 부부관계의 새로운 시대를 열어주었다.

초 감정을 알아차린 효과는 비단 부부관계 개선뿐 아니라, 아이와의 관계에서도 발휘되었다. 아이의 감정과 내 감정이 하나되어 휘둘리지 않게 되었다. '내면 부모'와 '내면 아이'를 마주할 때 좀 더 깨어 있을 수 있었다. 종종 '내면 아이'를 다시 만나도 위로해줄 힘이 생겼다.

자기 공감 연습을 통해 과거의 상처를 하나씩 치유하고 극복해나갔다. 이제는 그때를 떠올려도 더는 고통스럽지 않다. 다시 슬픔이 올라오더라도 늘 해왔듯 그때의 나의 모습을 애도한다.

앞으로 또 새로운 상처가 생긴다고 해도, 나는 자기 공감을 통해 그 상처를 극복해나갈 것이다.

이제는 안다. 억눌러왔던 불편한 감정을 꺼내고 돌봐야 행복한 감정들도 내 안에 잘 흐를 수 있다는 것을. 억압하지 않고, 자연스럽게 흐르는 삶이 복락한 삶임을. 예전의 나는 가족은 끔찍이 사랑하면서도 정작 나를 사랑하지 못했다. 때론 내가 희생하고 있다는 생각에 내 신세가 처량했다. '불쌍한 나'라는 자기연민에만 몰두하면 타인에 대한 공감도 힘들어진다. 내 불행과 고통만 크게 느껴지는 구렁에 빠진다. 자기 공감 연습을 통해 거기서 빠져나오고, 남이 채워줄 수 없는 편안함과 자유로움을 느낄수 있었다. 내가 나를 공감할 수 있을 때 비로소 타인의 마음도 진정으로 공감하는 힘이 생기고, 의미 있는 관계를 맺으며 살아갈 수 있다.

명상으로
내면 깊숙이 들어가라

내가 명상을 하는 삶을 살 줄은 꿈에도 몰랐다. 도인들이나 하는 것으로 생각했다. 그러나 지금은 짧은 시간에 정신을 맑게 회복하고 싶을 때 자주 명상의 시간을 가진다. 단언컨대 몸과 마음을 동시에 건강하게 만드는 최고의 방법이라고 자부한다.

나는 명상을 '비폭력 대화 교육원'에서 처음 경험했다. 반복할수록 명상이 삶에 주는 효과에 매료되었다. 가만히 앉아서 호흡을 느끼고, 내 생각이 어떻게 흘러가는지 의식하고 관찰하는 것이 흥미롭다. 어떤 때에는 주변의 소리가 멍하게 들리면서 몸이 하늘로 붕 뜨는 느낌이 들기도 한다. 명상을 마치고 나면 몸도

가벼워지고 마음도 평화롭다. 그래서 매일 아침 짧게라도 명상을 한다.

명상은 우리를 긴장하게 만드는 교감신경을 억제하고, 부교감신경을 활성화해 긴장 이완 상태로 변화시킨다. 명상으로 깊은 휴식에 들어가면 뇌파가 알파파와 세타파로 변화해서 창의적인 생각과 통찰력, 기억력이 증가한다. 또 명상은 스트레스 호르몬인 코르티솔을 감소시키고 행복 호르몬인 세로토닌 분비를 촉진한다. 명상으로 맥박과 호흡수가 안정되면, 면역력도 강화한다고 알려져 있다.

처음 하는 명상이라면 '호흡 관찰'

———————————————— 처음 명상을 하는 사람이라면 유튜브 영상을 틀어놓고 가이드에 따라 할 수도 있다. 여러 가지 방법을 시도해보고 자신에게 맞는 명상 방법을 찾아보기를 강력히 추천한다. 명상을 경험해본 적 없는 초보라면 호흡을 관찰하는 것부터 시작해보자. 처음부터 무리하지 말고 5분 정도 시도해보기를 권한다. 익숙해지면 조금씩 시간을 늘려보면 좋다. 적어도 1주일은 빠짐없이 해보기를 권한다. 그래야 효과를 느껴볼 수 있다.

몸에 긴장을 풀고 가장 편안하게 허리를 바르게 펴고 앉은 상태로, 눈은 감거나 아래로 떨군다. 숨을 천천히 들이쉬었다 내쉬었다 반복한다. 누워서 해도 괜찮다. 들숨과 날숨의 리듬에 주의를 집중하여 지금 내 호흡의 길이와 깊이를 느끼며 따라가는 것이다. 지금, 이 순간 떠오르는 생각들을 알아차리고 그것을 판단하지 않고 다시 호흡으로 주의를 끌어온다. 지금 여기에 존재함을 느끼는 것이다.

그다음으로는 몸의 각각의 부위의 감각에 집중해본다. 편안히 앉아 입술을 맞닿고 윗니와 아랫니를 떨어뜨려 입안에 약간의 공간을 만든다. 턱과 입에 힘을 뺀다. 평소에 내가 치아를 앙다물고 턱에 힘을 주고 살았다는 것을 명상하며 깨달았다. 긴장을 내려놓는다고 하지만, 여전히 턱과 목에는 힘을 주고 있었다. 보통은 의자에 앉아서 하기 때문에 발바닥도 온전히 다 닿을 수 있도록 편안히 내려놓는다. 내 발바닥이 땅에 뿌리를 내린다는 느낌으로 엄지발가락부터 발꿈치까지 순서대로 살며시 누르며 발바닥의 감각을 느껴본다. 이런 식으로 머리부터 어깨, 손가락, 발끝까지 온몸의 감각을 차례로 탐색해본다. 유튜브에서 '바디스캔' 명상 영상을 검색해서 틀어놓고 따라 해도 좋다. 나는 주로 자기 전에 누워서 바디스캔 명상을 한다.

첫 번째 방법으로 호흡에만 집중할 때는 잠깐 사이에 잡념이 바로 올라왔다. 두 번째 방법으로 몸의 각각의 부위의 감각에 집중할 때는 그 느낌이 무엇인지 탐색하느라 다른 생각을 멈추고 있는 나를 발견했다. 직접 명상을 해보며 내가 느꼈던 차이를 여러분도 찾을 수 있으면 좋겠다.

욕구 명상

───── 욕구 명상은 내게 충족되지 않은 욕구를 채우는 가장 빠르고도 쉬운 방법이라고 자부한다. 욕구 명상은 일종의 상상이다. 지금 내게 필요한 욕구가 가득 채워진 모습을 상상하며 그 순간에 몰입하는 것이다. 나는 비폭력 대화를 배우면서 욕구 명상을 만났다. 기본적으로는 4가지 방법이 있다.

1. 내가 원하는 욕구가 충분히 충족되었던 과거의 경험 떠올리기

2. 내가 원하는 욕구가 채워지면 어떤 모습일지 상상하기

3. 그 욕구의 이미지, 색깔, 촉감, 냄새를 연상해보고 느껴보기

4. 공기 중에 그 욕구가 가득 차 있다고 생각하고 호흡으로 욕구를 채운다고 상상하기

지치고 피곤한 느낌으로 욕구 명상을 시작했다가 마무리할 때는 상쾌하고 생기가 도는 느낌으로 변하기도 한다. 욕구 명상에 깊이 몰입했을 때 디스크로 인한 통증이 호전되는 경험을 하며 신기했다. 욕구 명상으로 내가 원하는 욕구가 가득 채워졌다고 상상하면서 몸의 에너지가 바뀌는 것을 경험했다. 꾸준한 명상을 통해 나의 의식 수준이 높아짐을 느끼고 있다.

데이비드 호킨스 박사는 인간의 의식 수준에서 나오는 에너지장의 빛을 수치화하여 17단계로 나누었다. 인간의 의식 수준에 따라 다른 힘이 발휘된다는 것이다. 그의 저서 《의식혁명》에 따르면, 낮은 의식 수준(의식 레벨 200 *lx* 미만)에서는 포스Force의 에너지를 발산한다. 이 에너지는 폭력적이고 강압적인 에너지로, 자신과 타인의 생명을 위협하는 '킬링Killing의 힘'을 가지고 있다. 반면 높은 의식 수준에 도달하면 파워Power의 에너지를 발산한다. 이것은 본질적인 자아의식에서 나오는 잠재력의 힘으로, 자신과 타인을 치유하는 힐링Healing의 힘을 가지고 있다. 욕구 명상을 통해서, 포스에서 파워로 의식 수준의 상승이 내 안에서 일어나고 있다고 느껴진다.

자애 명상

────── 자애 명상은 원래는 불교에서 시작된 명상으로, 최근에는 마음 챙김 명상으로도 잘 알려져 있다. 자애 명상은 나에 대한 사랑과 연민의 감정을 점차 주변으로 확대하는 명상이다. 때로는 가장 사랑하기 쉬운 대상으로부터 시작하기도 한다. 나의 경우에는 처음 시작할 때 아들을 떠올리며 자애 명상을 했다. 나 자신을 사랑하는 마음을 내기보다 훨씬 더 쉬웠기 때문이다. 자신을 사랑하는 느낌을 떠올리기 어렵다면 반려동물도 괜찮다. 가장 사랑스러운 대상을 먼저 떠올려보자.

시작은 그 대상을 상상하며 사랑스러움을 흠뻑 느껴보는 것이다. 소리, 느낌, 냄새, 촉가 등을 상상하며 떠올려본다. 나는 아들을 포근하게 품에 안고 살을 비비는 모습을 상상했다. 그리고 내가 떠올리는 대상이 행복하고 평화롭기를 바라는 마음을 일으키면서 자애 명상의 문구를 외운다.

"그가 행복하기를, 평화롭기를…."

"그가 고통과 괴로움에서 벗어나기를…."

떠올린 대상의 행복과 평화를 기원하는 마음을 모은다. 그 다음 떠올린 대상을 지우고, 그 마음 그대로 초점을 나 자신에게로 맞춘다. 내가 떠올린 대상에게 건넸던 그 자애의 마음을 나에게로 다시 되돌려주는 것이다.

"내가 행복하기를, 평화롭기를⋯."

"내가 고통과 괴로움에서 벗어나기를, 진정으로 자유로워지기를⋯."

자애 명상을 처음 경험한 날을 잊을 수가 없다. 아들을 떠올리며 사랑과 평화를 기원하기는 너무나 쉽고 편안했다. 그러나 그 초점을 나에게 돌리자 갑자기 울컥 눈물이 쏟아졌다. 지금까지 살면서 단 한 번도 경험해보지 못한 느낌이었다. 그렇게 진정 사랑스러운 마음을 담아 나 자신에게 행복과 평화를 기원해본 적이 없었다. 내가 나에게 그 마음을 건네주었을 때, 처음 느껴보는 그 감정을 감당하기가 힘들었다. 더 명상을 진행할 수가 없었다. 깨달음의 눈물, 기쁨의 눈물, 나에 대한 연민의 눈물이 뒤섞인 채 목메어 울었다. 나처럼 자신을 사랑하기에 어려움을 느끼는 사람이라면 이런 방법으로 자애 명상을 꾸준히 해보기를 추천한다.

나에 대한 도타운 사랑의 감정을 충분히 낼 수 있다면 그다음은 갈등 관계에 있거나 불편한 사람을 떠올린다. 내 마음에 가지고 있는 사랑과 평화의 느낌을 그 사람에게 전하는 상상을 하는 것이다. 그러면 갈등의 문제나 속상했던 일도 다른 관점에서 생각할 수 있다. 아이에게 화가 나는 일이 있을 때 자애 명상을 하면, 화는 물러가고 미안함과 가엾은 마음이 스며든다. 자연스럽게 떠오르는 대상이 있을 때는 그 대상의 행복을 기원했다. 나아가 그 사랑과 평화의 마음을 이 세상의 모든 존재에게 보내는 것으로 자애 명상을 마무리한다. 자애명상을 하면 내 몸이 사랑의 에너지로 충만해짐을 느낀다.

명상하다가 다른 생각이 떠올라도 좌절하거나 실망하지 말자. 사람은 원래 하루에 머릿속에 적게는 12,000개에서 많게는 50,000개까지 생각과 평가가 스쳐 지나긴다고 한다. 심리학 용어로는 그것을 '자기 대화'라고 명명하기도 한다. 명상 중에 다른 생각이 떠오르는 것은 자연스러운 일이다. 나도 처음에는 자꾸 다른 생각이 떠오르면 제대로 명상을 못 하고 있다고 여겼다. 명상이 어렵다고 생각하고 포기하려고 했다. 그러나 명상 중에 여러 가지 생각이 떠오른다고 해서 잘못된 것이 아니다. 떠오르는 그 생각들이 내 안에 숨겨져 있는 욕구의 메시지일 수 있다. 따스한 마음으로 그 생각들이 그저 흘러가는 것을 물끄러미 바라보면 된다.

머릿속에 떠오르는 생각이 내가 아니고, 그 생각들의 물결을 바라보는 것이 '진정한 나'임을 잊지 말자. 명상에는 실패도 성공도 없다. 단지 늘 새로운 경험이다. 꾸준한 명상으로 삶에 대한 알아차림과 깨달음을 얻고, 새로운 기쁨과 즐거움을 맛볼 수 있다.

자잘한 10가지 일보다
제대로 된 일 하나에 집중하기

평소 어떤 일을 시작하면 그 일에만 집중하는 시간이 얼마나 되는가? 집중하는 도중에도 자신도 모르게 스마트폰을 들여다보며 주의가 분산되고 있지는 않는가? 최근에 무언가에 집중해서 순수한 몰입의 즐거움을 느껴본 경험은 있는지 떠올려보자.

우리는 갈수록 산만함에 익숙해지고 있다. 우리의 주변 환경이 1가지에 집중하기 어려운 환경으로 변화하고 있기 때문이다. 특히 스마트폰이 인공장기처럼 우리 몸에 붙어 다니기 시작한 이후 이런 현상이 더욱 가속화되었다. 《마지막 몰입》에서도 '디지털 홍수'와 '디지털 주의 산만'으로 인한 주의력 약화와 인지,

신체 능력 저하를 경고하고 있다. 매일 쏟아지는 정보를 과도하게 흡수하고, 스마트폰으로 즐기는 접속 상태에 중독되어 생각하는 능력의 퇴화를 스스로 자초하고 있다고 말한다. 디지털 빌런들의 공격이 난무한 시대를 살고 있으므로, 하나에 집중하려고 의식적으로 노력하지 않는다면, 우리의 뇌는 더욱 어수선하게 변해갈 것이다.

그러므로 산만해지기 쉬운 세상에서 매일 새벽에 일어나 1가지 일에 몰입하는 경험을 반복하는 것은 더욱 중요한 의미를 가진다고 할 수 있다. 어떤 행동을 집중하여 반복하면 뇌의 여러 중추가 동시에 활성화된다. 새벽에 집중하는 시간을 꾸준히 가진다면 저절로 집중력 훈련이 될 수 있고, 뇌의 기능을 여러 방면에서 발전시켜 잠재력을 끌어올릴 기회가 된다.

산만하게 하는 요인 제거하기

———————————————— 하나의 일에 집중하기 위해서는 먼저 정신을 산만하게 하는 요인을 제거해야 한다. 그래서 새벽에는 스마트폰과 멀티태스킹으로부터 나를 분리한다. 휴대전화 알람의 방해를 받지 않기 위해, 모든 알람도 끄고 무음 상태로 해놓는다. 새벽 기상 인증 사진을 찍을 때를 제외한 1시간가량

은 아날로그적 방식으로 시간을 보내며 완전한 디지털 디톡스를 한다. 스마트폰을 활용한 아웃풋도 되도록 지양한다. 블로그 글쓰기를 할 때도 오로지 노트북에 창 하나만 켜놓는다.

같은 시간 내에 더 많은 일을 해결하겠다고 우리는 일상 속에서 자주 멀티태스킹을 한다. 그러나 《집중의 힘》에 의하면, 인간의 마음은 걷기처럼 아주 무의식적인 행위를 할 때만 멀티태스킹을 수행할 수 있다고 한다. 의식적인 집중이 필요한 행동을 함께하는 것은 멀티태스킹이 아니라 서로 다른 요구 사항을 놓고 왔다 갔다 하는 '작업 전환 과정'일 뿐이라고 일축한다. 효율성 강화 수단이 아니라, 생산성 저하의 주범이라는 것이다. 한번에 여러 가지 일을 동시에 해서 더 많은 일을 해낼 수 있다고 믿었던 멀티태스킹이 오히려 일을 그르치고 있다니. 당황스럽지 않은가?

멀티태스킹은 뇌 건강을 해치는 습관이기도 하다. 집중력과 단기 기억력을 떨어뜨려 치매를 유발한다는 연구 결과가 다양하게 발표되고 있다. 멀티태스킹으로 인한 주의력 통제의 결핍이 우울증, 사회적 불안감과 밀접한 연관이 있다는 연구 결과도 있다. 미국 미시간대학 마크 베커 박사팀의 연구에 따르면, 디지털 미디어를 통해 멀티태스킹에 몰두한 사람은 멀티태스킹을 거의

하지 않는 사람보다 우울증세가 두 배 이상 높았다.

몰입으로 들어가는 연습

─────────────── 새벽에는 세상과의 연결을 잠시 끊고
오직 나 자신과 연결되는 시간을 가져보자. 아날로그 감성으로
노트와 펜을 준비하여 매일 일정 시간 동안 스마트폰 디톡스 리
추얼을 실천해보자.

나는 새벽 시간 몰입도를 높이기 위해서 손으로 쓰는 활동을
가장 먼저 한다. 나의 경험에 의하면, 눈으로 보기만 하는 활동
(명상, 비전 시각화, 독서)을 먼저 하는 것보다 손으로 쓰는 활동(감
사일기, 필사)을 먼저 시작하는 것이 더 쉽게 의욕을 불러일으키
고 빨리 집중하게 해준다.

손으로 직접 쓰는 것이 두뇌 활동을 활발하게 만든다는 것은 2
장 감사일기 쓰기에서도 언급한 바 있다. 손으로 쓰는 행위는 뇌
의 동시적 발화를 일으키기에 안성맞춤이면서 간단하다. 독일의
철학자 칸트는 '손은 외부의 뇌'이고, '손가락은 대뇌의 파견기
관'이라고 했다. 머리와 손을 함께 쓰면 정신이 더욱더 또렷해진
다. 손을 자주 활용하자.

또한, 집중력을 높이기 위해 긍정적인 기분을 불러일으키는

활동을 하자. '힘들다', '재미없다', '하기싫다', '못하겠다'라는 부정적인 생각에 사로잡히면 같은 일을 해도 집중이 잘 안 되고 그만큼 아웃풋의 성과도 낮다. 그래서 새벽에 하는 핵심활동에 몰입하기 전에 나는 '긍정 확언', '비전 시각화', '명상'의 행위들을 통해 자신감과 성취 의욕을 불어넣는다.

손으로 쓰고, 긍정적인 기분을 불러 모은 다음, 진짜 나의 인생 비전과 연결된 중요한 일을 한다. 나는 새벽 2시간 중 절반 이상을 가장 중요한 1가지 일에 집중하며 보냈다.

가장 중요한 일 1가지에 집중하기

_____ 《원 씽》에서도 의지력이 가장 높을 때 가장 중요한 일을 우선으로 처리하라고 말한다. 온종일 중요한 일에 몰두하며 살기는 어렵지만, 새벽 2시간만 중요한 일에 쓴다고 생각하면 훨씬 마음이 가볍다. 한정된 시간에 원하는 것을 다 이룰 수는 없다. 시급한 일보다는 중요한 일, 하고 싶은 일을 우선순위로 두어야 한다. 알고는 있지만, 뭐든지 실천이 어렵다. 오직 새벽 시간만이라도 해보기로 작정한다면 도전할 만하지 않은가?

시간 관리에 대해 이야기할 때 자주 등장하는 '항아리 채우기'

이야기도 중요한 일을 먼저 해야 하는 당위성을 일깨워준다. 시간의 항아리에 큰 돌을 먼저 넣어야 한다. 순서 없이 급한 것부터 채우다보면 정작 내 인생의 '큰 돌'은 들어갈 자리가 없다. 먼저 넣어야 할 큰 돌이 무엇인지 모른다면, 그것을 찾는 시간부터 가져야 한다.

나의 '큰 돌'은 책을 읽고, 생각하고 기록하는 것이었다. 진정한 나를 만나고 나를 돌보는 지혜를 찾는 것이 내게 가장 중요했다. 처음부터 이것에 많은 시간을 할애한 것은 아니었다. 영어회화 공부도 했고, 한국사능력검정시험 1급 자격 취득을 위해 한 달간 역사 공부를 하기도 했다. 그러다 점점 하는 일의 개수를 점차 줄이고 중요한 우선순위만 남겼다. 워런 버핏은 한 해 이루고 싶은 일 25가지를 정하고, 그중에서 5가지만 고르라고 말한다. 가장 중요한 5가지에만 집중하고, 나머지 목록은 오히려 기피하라고 조언했다. 나도 가장 중요한 것 5가지(독서, 글쓰기, 비폭력 대화, 건강관리, 아들과의 교감 시간)를 골랐고, 그중에서도 매월 어떤 것에 가장 집중해야 할지 하나를 골라 점차 우선순위를 중심으로 시간을 투자했다.

1월: 한국사 공부, 2월: 블로그, 3월: 독서와 글쓰기, 4월: 건강

회복(디스크 치료) 5월: 독서와 글쓰기, 6월: 비폭력 대화, 7월:

글쓰기, 8월: 책 쓰기 공부, 9월: 초고 쓰기, 10월: 퇴고 및 출간

준비

1가지에 몰두하는 연습을 꾸준히 하면서 점차 집중력과 집중

시간을 늘릴 수 있었다. 몰입에 이르기까지 걸리는 시간도 확연

히 줄어들었다. 새벽만이라도 나를 산만하게 하는 것들과 분리

되자. 잡념을 떨쳐버리고 오롯이 내 인생의 우선순위에만 마음

을 집중시키자. 10가지 자잘한 분산보다는 나에게 가장 중요한

일 1가지에 제대로 집중하자.

주간 핵심 미션과
독서 목록을 미리 정해라

간절히 원하면 온 우주의 기운을 끌어당겨 내게 도움을 주는 사람을 만나게 된다는 말을 책에서 읽은 적이 있다. 나에게도 그런 귀인같이 느껴지는 감사한 분들이 있다. 그중 한 분이 《평범한 일상은 어떻게 글이 되는가?》의 저자이자 '밀알샘'으로 불리는 김진수 선생님이다. 내가 다른 삶을 살아보겠다고 굳게 마음먹고, '나에게는 매일 좋은 것들만 모여든다'라고 긍정 주문을 매일 되뇌었기 때문일까. 간절하게 변화하고 싶은 나의 기운에 끌어당김의 법칙이 작용한 것인지, 이분과의 만남으로 시작된 나비효과는 지금도 현재 진행형이다.

어느 날 우연히 블로그에서 우연히 글을 보았다. 〈자기 경영 노트〉라는 온라인 모임 모집 글이었다.

'자기 경영'이 곧 수업 및 교실 경영, 더 나아가 인생 경영까지 잡을 수 있는 '첫걸음'입니다. '독서, 기록, 글쓰기, 책 쓰기를 넘어 자기 브랜드를 함께 만들 수 있도록 힘껏 나누고 싶은 생각을 가진 자기계발 좋아하시는 분, 함께 성장을 원하시는 분은 오픈 채팅방으로 오세요!'

실제 뵌 적은 없지만, 용기 내 그 모임에 들어갔다. 예전에는 아는 사람 하나 없는 모임에는 거의 가지 않았다. 그러나 꾸준한 새벽 루틴을 통해 용기가 더해졌다. 코로나로 대면 모임이 불가능한 것도 한몫했다. 아이를 키우는 워킹맘이 개인적인 시간을 따로 내서 모임에 참석하기란 쉽지 않은데, 화상으로 만나는 모임이라 부담이 없었다. 현재까지 약 50명의 인원이 참여하고 있다. 서로를 응원하며 성장하려는 뜨거운 열기에 마음이 따뜻해졌고, 나도 그 물결에 동참할 수 있어 자랑스러웠다. 비대면 시대에 이런 귀한 인연을 새로 맺을 수 있었다는 게 지금도 참 감사하다.

이 모임에서 제안하는 여러 가지 활동은 삶에 동기부여가 되었다. 그중 하나가 '주간 핵심 미션과 독서 목록'을 정하는 것이었다. 매주 월요일, 자발적으로 매주 자신의 한 주 핵심 미션과 독서 목록을 공유한다. 처음에는 이것이 삶에 얼마나 큰 영향을 미칠까 싶었지만, 꾸준히 하다보니 확연한 변화를 느낀다.

주간 핵심 미션을 정하고 공언하기

가장 큰 효과는 삶의 우선순위를 의식하게 해준다는 것이다. 엄마의 자리는 가족들을 돌보고 챙겨야 하는 위치이다보니 자연스레 내 우선순위가 밀려나기 마련이다. 주간 핵심 미션을 무엇으로 정할지 고민하는 시간은 '나'로서 사는 삶에서 중요한 것이 무엇인지 잊지 않게 해준다. 곧 삶의 우선순위를 파악하는 시간이다.

핵심 미션을 공언함으로써 얻는 효과도 있다. 공언했을 때와 하지 않았을 때 한 주를 살아가는 마음가짐이 다르다. 공언을 하면 그 약속을 지켜야 한다는 책임감이 더해져 더 애쓰게 된다. 또, 공언한 내용을 공유하면 함께하는 분들의 격려를 받을 수 있다. 때로는 생각지 못했던 좋은 정보를 제공해주시기도 한다.

내가 글쓰기에 대해 공언을 했을 때, 관련 책을 소개해주시기도 했다. 함께하는 힘이 느껴져 든든하기도 하다. 《원 씽》에 나오는 캘리포니아 도미니칸대학 게일 매튜스 교수의 연구 결과는 공언의 효과를 입증한다. 그의 연구에 따르면, 목표를 기록한 사람이 안 한 사람에 비해 성공할 가능성이 39.5% 높았다. 거기에 더해 자신의 목표를 적고 친구들과 그 상황을 공유한 사람들은 목표를 달성할 가능성이 무려 76.7%나 높았다. 기록하고, 공언할수록 성공률이 높아지는 것이다. 요즘은 이 효과를 이용한 앱들도 출시되고 있다. 습관을 공언하고, 그것을 지키지 못했을 때 벌금을 결제하는 시스템이라고 한다. 그 외에도 SNS를 활용하는 등 다양하게 공언할 수 있는 방법을 찾을 수 있다.

핵심 미션을 정하면 목표를 쪼개는 연습도 자연스럽게 할 수 있다. 분기별 목표를 월별 목표로 쪼개고, 다시 주간 목표로 쪼개 생각할 수 있다. 예를 들어, 분기별 목표를 책 쓰기로 정하면, 매달 3분의 1의 초고를 완성한다는 목표를 세울 수 있다. 월별 목표를 다시 쪼개 한 주에 적어도 몇 페이지 이상은 쓴다는 주별 목표도 명확히 할 수 있다. 주간 목표를 정하면, 그것을 7일로 나누어 하루의 목표인 '매일 2페이지 쓰기'로 다시 쪼갤 수 있다.

주간 독서 목록을 정하고 공언하기

———————————————— 주간 독서 목록 정하기도 비슷한 효과를 가져왔다. 그 주에 읽을 책을 스스로 선정해 독서목록을 정하고 공언한다. 읽고 싶은 많은 책 중에서 선별하는 과정을 거친다. 공언했기 때문에 틈새 시간이 날 때 다른 일보다 먼저 책을 잡게 된다. 대략 얼마쯤 읽어야 그 주의 독서 목록을 다 읽을 수 있는지 계산하여 예상해볼 수 있다. 또, 다른 사람들이 올린 독서 목록을 보고 참고하여 좋은 책을 다양하게 접할 수 있는 것도 좋았다.

큰일도 작게 시작할 수 있는 방법을 찾으니, 동기를 유발하는 효과도 크다. 구체적인 목표를 수립함으로써 접근성도 높아진다. 지나치게 어렵지도, 쉽지도 않은 적당한 수준의 도전이 성취하려는 의욕을 최대로 불러온다.

주간 핵심 미션과 독서 목록을 정하다보면 '약간 힘들지만 도전하고 해낼 수 있는' 수준이 나에게는 어느 정도인지를 스스로 알게 된다. 너무 쉬운 수준일 경우, 시간을 단축하거나 조금 더 어려운 수준으로 바꾼다. 너무 어려운 수준이라고 느껴질 경우, 조금 더 몰입할 수 있는 환경을 만들거나 시간을 늘리는 등 요령이 생긴다.

매주 핵심 미션과 독서 목록을 플래너에 적어두면 누적된 나의 기록을 보며, 삶을 헛되이 보내고 있지 않다는 성취감과 만족감도 커진다. 내가 성장해온 과정이 가시화되고, 진행 상황도 확인할 수 있어 실행력을 높일 수 있다. 꿈을 이뤄가는 스몰 스텝이 바로 '주간 핵심 미션'과 '주간 독서 목록'이다. 일상을 무의미하게 흘려보내지 않고, 꼭 해내고 싶은 일에 주의를 기울일 수 있다. 생산성 높은 사람으로 거듭나고 싶다면, 주간 핵심 미션과 독서 목록을 정하고 실행해보자.

새벽 독서는
흡수율이 다르다

문화체육관광부가 발표한 〈2019년 국민 독서 실태조사〉에 따르면, 종이책과 전자책, 오디오북을 합친 한국 성인들의 연간 평균 독서량은 7.5권이다. 이 조사에서 더 충격적인 사실은 성인의 44%는 연간 책을 한 권도 읽지 않는다는 것이다.

"독서가 좋긴 하지만, 요즘 같은 시대에 꼭 책을 고집할 할 필요가 있나요?"

이런 질문을 던지며 책을 읽어야 하는 당위성에 대해서 의문을 가지는 사람을 만나기도 한다. 이 책을 읽고 있는 당신은 무엇 때문에, 어떤 목적으로 책을 읽는 편인가?

책을 읽어야 하는 이유

———————————— 나는 인간답게 살고 싶은 몸부림으로 책
을 읽었다. 요즘에는 다양한 콘텐츠가 많아 책을 읽지 않는다지
만, 나는 책을 가장 신뢰한다. 인터넷에는 일명 '카더라 통신'처
럼 출처가 불분명하고 진위를 알 수 없는 정보가 난무하기 때문
이다. 인터넷과는 달리 책에서는 훨씬 질 높은 지식을 얻을 수
있다. 저자가 출처를 명확히 확인하고 정리한 정보가 담겨 있기
때문이다. 꾸준한 독서는 잘못된 정보를 거를 수 있는 안목 또한
키워준다.

앞서 말했던 국민 독서 실태조사에서 사람들이 책을 읽지 않
는 가장 큰 이유는 책 이외의 콘텐츠를 이용하기 때문이었다. 그
러나 나의 뇌를 최대한 활용하며 살고자 한다면, 활자로 된 책을
읽어야 한다. 어떤 매체도 대체할 수 없는 뇌 훈련을 '책 읽기'를
통해 할 수 있음은 여러 연구를 통해서 이미 증명되었다. 가장
두뇌가 맑은 상태인 새벽에 책을 읽는 것은 최고의 '뇌 훈련' 방
법이라 해도 손색없을 것이다.

국민 독서 실태조사에서 책을 읽지 않는 이유 중 두, 세 번째
가 '시간이 없어서', '습관이 되지 않아서'였다. 이런 이유로 책
을 읽지 않는 것이라면 새벽 독서를 통해 단번에 해결할 수 있

다. 바쁜 일상에서는 자투리 시간밖에 낼 수 없지만, 일찍 일어난다면 책을 읽을 수 있는 긴 시간을 확보할 수 있다.

사실 책 읽기는 시간이 남아서 하는 것이 아니라, 시간을 내서해야 한다. 나는 새벽에 일어나 시간을 확보했기에 2021년 한 달 평균 12권 이상을 완독할 수 있었다. 2021년 상반기에만 87권의 책을 읽었다. '다독'이 좋다고만은 할 수 없지만, 그만큼 치열했다는 것을 말하고 싶다. 내 인생에서 최근처럼 간절하게 책을 펼쳐본 적은 없었다.

책을 읽으면 읽을수록 독서가 읽는 것으로만 끝나지 않아야 한다는 것을 절실히 느꼈다. 원래 어릴 때부터 책 읽는 것을 좋아해서 꾸준히 읽어왔지만, 독서를 통해 내 삶이 크게 변화하지는 않았다. 이전에 실패했던 새벽 기상 루틴도 독서가 주 활동이었지만 삶의 변화는 느끼지 못했다. 그 이유는 독서라는 인풋만 있을 뿐, 내 생각을 꺼내는 아웃풋이 없었기 때문이다.

평생 아웃풋 없는 독서를 했다. 아무리 많이 읽어도 읽을 때뿐, 그 뒤의 삶은 똑같았다. 읽고 나서 내 생각을 표현하지 않으면 진정한 내 것이 되지 않았다. 쇼펜하우어가 '사색 없는 독서'를 자해 행위에 비유했듯, 생각 없는 독서는 오히려 시간 낭비가 될 수도 있다.

내면이 성장하는 독서

——————————— 책을 그저 읽기만 하는 건 음식을 입에 넣고 씹다가 도로 뱉는 것과 같다. 맛만 살짝 느껴보고 버리는 행위다. 삼켜야 내 영양분이 되는데 말이다. 당신도 혹시 늘 씹다 말고 뱉어내는 독서를 하고 있지는 않은가? 새벽 독서는 씹어 삼키는 독서가 가능하다. 흡수율이 다르기 때문이다. 같은 시간, 같은 책을 읽어도 훨씬 더 깊게 읽을 수 있는 나만의 새벽 독서 방법은 다음과 같다.

1. 배우려는 자세로 읽는다

비판적인 자세보다는 배우려는 자세로 읽었다. 저자가 나에게 가르쳐주는 지혜를 겸손한 마음으로 받아들이려고 노력했다. 내 주관을 가지고 읽기보다는 저자의 생각을 온전히 받아들이며 읽었다. 비판적 읽기는 독서의 내공이 쌓이면 자연스레 될 것이라 믿었다.

마치 아무것도 모르는 어린아이가 처음 배우듯 호기심을 가지고 읽었다. 호기심은 책에 대한 기억력도 높여준다. 뇌과학 연구에 따르면, 감정을 다루는 편도체와 기억 중추인 해마는 옆에 붙어 있어서 서로 많은 영향을 준다고 한다. 호기심을 일으킨 정보를 꼭 기억하도록 편도체가 해마에게 명령을 내리기 때문에 우리가 좋아하는 정보를 더 잘 기억할 수 있다.

2. 양서를 선별해 읽는다

《곁에 두고 읽는 괴테》에서 괴테는 독서의 목적을 2가지로 이야기했다. 기분전환을 위한 독서와 지식과 교양을 얻기 위한 독서. 그리고 그 두 독서의 기쁨을 이렇게 구분했다. 전자는 책을 읽는 동안의 기쁨, 후자는 읽고 난 뒤의 기쁨이라고.

나에게는 책을 읽는 동안 통념을 벗어나는 내용을 만날 때 희열이 있었고, 읽고 난 후 깨달음의 기쁨도 있었다. 그러나 기분전환을 위한 목적의 독서는 없었다. 때문에 '삶을 어떻게 변화시킬 것인가?'에 답을 주거나, 나를 돌아보게 하는 책을 골라 읽었다. 그래서 주로 자기계발서, 인문학, 심리학, 미니멀리즘에 관한 책을 읽었다.

많은 책을 읽다보니 자기계발서에 편향되었던 독서의 취향도 점차 넓어졌다. 베스트셀러나 타인의 추천으로 책을 골라 읽다가, 스스로 선택하는 책이 많아졌다. 책을 고를 때도 점차 나름의 기준이 생겼다. 이전보다 나에게 맞는 '양서'를 선별할 수 있는 눈이 생긴 것 같다. 처음에는 무조건 한 권을 완독했지만, 저자 소개, 목차, 프롤로그 등을 훑어보며 책을 읽는 방법도 점차 다양해졌다.

3. 시작의식을 가진다

푹 자고 일어나 맑은 두뇌에, 독서를 시작하기 전에 몰입할 수 있는 의식을 더하면 집중도를 최상으로 높일 수 있었다. 황농문 교수의 《몰입》에 따르면, 공부할 때 몰입에 이르는 방법으로 시작하기 10분 전 아무것도 하지 않고 눈을 감은 채 생각하는 시간을 가지라고 말한다. 이런 시간은 뇌파가 알파파가 되도록 유도해준다. 알파파를 유지하면 몰입도를 쉽게 올릴 수 있으며, 지치지 않고 학습할 수 있다고 한다.

내가 독서에 선행했던 시작의식(필사-감사일기-긍정 확언-시각화-명상) 덕분에 몰입이 더 잘될 수 있었다는 것을 이 책을 통해 알게 되어 뿌듯하고 기뻤다. 몰입하는 즐거움은 뇌에서 분비되는 도파민 덕분이라고 한다. 도파민이 분비되면 만족감과 행복함을 느끼고, 기억력도 높아진다. 그런 즐거움이 나에게 다시 동기부여가 되어 새벽 독서를 지속할 수 있었다.

4. 사색하고 기록한다

처음에는 아웃풋을 위한 온라인 새벽 독서 모임에도 한동안 참가했다. 읽은 것을 말로 나누면 더 오래 기억할 수 있을까 싶어서다. 그러나 참여하는 인원수는 많고, 시간은 제한적이다보니, 책에 대한 깊은 대화가 이루어지기는 쉽지 않았다. 귀한 새벽 시간이 다소 아깝게 느껴져서 독서 모임을 멈추고, 그 시간에 혼자 사색하는 시간을 가지며 기록했다. 같은 책을 읽고 다양한 의견을 수렴하는 것도 중요하지만, 책을 읽고 내 생각부터 바르게 확립하는 것이 우선이다. 결국 책을 읽고 책 속에서 답을 찾는 것도 남이 해주는 것이 아닌 내 몫이지 않겠는가.

점차 책을 읽는 시간보다 생각하고 쓰는 시간의 비율이 높아졌다. 저자의 생각에 덧붙여 떠오르는 내 생각을 함께 기록하는 일을 꾸준히 했다. 독서를 통해 삶이 변화하려면 저자의 생각에 꼬리를 물고 생각하는 '나'를 통과해야만 한다는 것을 이제는 알고 있다.

5. 제한 시간을 정한다

새벽이라는 정해진 시간 내에 읽고 생각하고 기록을 남긴다고 마음먹으면 더 몰입하게 된다. '제한 시간'이라는 한계는 집중력을 높이고 뇌의 기능이 활발해지도록 만든다. 제한 시간 내에 아웃풋을 내는 연습을 하다보면, 생각의 속도도 기록의 속도도 점차 빨라진다.

위에서 말한 모든 과정을 매일 반복하면 점차 익숙해지고, 훨씬 수월해진다. 규칙적인 연습을 통해 몰입하는 과정이 무의식적으로 자동화된다. 새벽 독서의 반복은 뇌 가소성을 자극해 책을 읽는 뇌로 변화시키고, 독서의 깊이 또한 깊어지게 해준다.

독서를 통해 내 삶의 문제, 상처와 두려움을 직면할 수 있었고, 저자의 방법을 나에게 적용할 수 있는 대안을 궁리할 수 있었다. 나의 사명, 비전, 핵심 가치를 찾을 수 있었던 것도 모두 독서 덕분이다. 앞으로도 양서를 골라 오래 생각하며 읽고, 떠오르는 생각을 놓치지 않도록 기록하며 읽으려 한다. "약으로 병을 고치듯 독서로 마음을 다스린다"는 카이사르의 말처럼 흡수율 높은 독서를 하는 만큼 치유하고 성장해나갈 우리 모두를 응원한다.

새벽 글쓰기는 나를 치유하는
가장 좋은 약이다

초등학생 때 일기를 쓴 것 외에는 꾸준히 글을 써본 적이 없었다. 꾸준히 무언가를 하는 것은 참 어려웠다. 초반에만 불태우다 금방 식어버리곤 했다. 다이어리를 매년 샀지만, 연초에만 열심히 기록하고 중반에는 늘 텅텅 비어 있다가, 다시 연말이 되면 새 다이어리를 사서 계획을 채워 넣었다. 그러나 연초의 목표를 끝까지 실천한 적은 별로 없었다. 내가 꾸준히 해온 거라고는 책을 읽다가 와닿는 문장을 노트에 필사하는 정도가 전부였다.

어린 시절엔 가끔 견디기 힘든 일이 있을 때마다 아무도 모르게 숨겨둔 비밀 노트에 내 마음을 쏟아놓았다. 나의 어떤 이야기도 다 받아주는 가장 안전한 장소이자 아무런 비용도 필요 없는 곳이 바로 종이 위였다. 그때는 타인에 대한 원망, 나에 대한 한탄이 가득한 글을 썼다. 적체된 고통과 슬픔을 종이 위에 풀어놓으면 속이 시원해졌다.

글을 쓰며 상처받은 나를 위로하다

어른이 되어서도 힘들 때마다 글로 토해내는 습성은 남아 있었다. 그건 나만 보는 글이었고, 쓰고 찢어버리는 글이었다. 순전히 힘든 감정을 흘려보내는 수단이었다. 새벽 기상 초반에도 나의 상처를 직면하기 위해 종이 위에 손으로 글을 썼다. 남편과의 갈등, 자녀에 대한 걱정, 앞으로의 삶에 대한 불안…. 글을 쓰다보면 상처를 소독할 때처럼 쓰라림이 느껴지기도 했다. 가끔 감정이 요동칠 때는 글을 쓰다 멈추고 호흡하며 마음을 흘려보냈다. 나를 관찰자 시점으로 바라보는 연습, 자기 공감 연습, 명상은 끓어오르던 나의 감정을 식힐 수 있도록 도와주었다. 가까운 사람에게도 터놓지 못했던 아픈 상처를 글로 쓰는 것이 점차 덜 아파졌다. 이은대 작가님의 특강을 우연히 들었는데, 그때 하신 우스갯소리가 생각난다. 같은 상처로 5일만 글을 써보면, 나중에는 마음이 아픈 게 아니라

팔만 아프다고. 실제로 나의 상처를 꺼내놓을수록 감정의 파도가 잔잔해졌다.

그때는 서론 본론 결론 따위 글의 형식도 없었고, 그냥 무의식적으로 떠오르는 단상을 무작정 써내려갔다. 생각의 속도는 빠르고, 때론 날아가버린다. 그러나 손으로 적다보면 시각화되면서 내 생각이 무엇인지 명확해졌다. 글은 뒤죽박죽 써내려갔지만, 뒤엉켜 있던 머릿속 생각들은 정리되었다. 감정을 해결하려는 목적으로 쓴 것은 아니었지만, 응어리졌던 감정도 점차 해소되었다. 살을 에는 듯 아프던 기억도 긍정적으로 승화할 수 있었다. 상처를 받은 나와 상처를 준 그들을 이해할 수 있었다.

글쓰기 치료의 권위자 페니베이커 박사는 정서적인 상처에 대해 글을 쓰면 우뇌와 좌뇌의 뇌파 활동이 밀접하게 연관되어 글쓰는 사람에게 도움이 될 만한 방법을 떠오르게 한다는 것을 알아냈다. "글쓰기가 생각의 감옥에서 벗어나게 해준다"라고 그는 말한다. 나도 책을 읽고, 그 속에서 나를 발견하고, 그것들을 글로 쓰며 자기 이해가 높아졌다. 수치스럽고 지우고 싶던 과거의 내 모습을 수용하고 인정할 수 있었다. 생존본능으로 만들어낸 삐뚤어진 나의 방어기제가 무엇이었는지 알아차릴 수 있었다.

그러나 작년까지만 해도 온전히 나 혼자만을 위한 글이었지, 다른 사람에게 보이는 글을 쓸 생각은 전혀 없었다. 휴직 기간에도 열심히 읽었지만 쓰기는 재능을 타고난 사람들의 특권이라 여겼다. 나는 글을 쓸 깜냥이 안 된다고 치부했다. 불과 2021년 새해를 맞이할 때만 해도 '글쓰기'가 내 삶에 이렇게 큰 비중을 차지하리라고는 예상하지 못했다. 그런 내가 글을 쓰게 된 첫 시작은 앞서 말했던 〈자기 경영 노트〉 모임의 리더 김진수 선생님 덕분이다.

본인이 독서와 글쓰기를 통해 다른 인생을 살고 있다고 했다. 모임에 참여하시는 다른 분들도 글쓰기를 좋아하고, 꾸준히 쓰는 분들이 많았다. 모임의 리더가 글쓰기를 독려하시니 '나도 한번 써볼까?' 하는 생각이 들었다. 무슨 글을 써야 할지 몰라 고민하다가, 아들로부터 큰 깨우침을 얻어 감명을 받았던 순간의 이야기를 써서 블로그에 올렸다. 부끄러운 실수에 관한 이야기라 가슴이 두근거리기도 했다. 개인적인 주제로 한 편의 글을 써서 전체 공개된 온라인에 게시하는 게 난생처음이었기 때문이다. 그 글을 읽은 김진수 선생님이 〈좋은 생각〉 잡지에 투고해볼 것을 추천하셨다. 투고를 해본 것도 그때가 처음이었다. 처음 써본 글이 운 좋게도 '제16회 〈좋은 생각〉 생활 문예대상'에서 입선을 수상했다. 물론, 상 중에서 가장 낮은 상이긴 하다. 그러나 나에게는 처음 글쓰기로 상을 타본 경험이었다. 그를 통해 '나같이 글쓰기에 무지한 사람도 쓸 수 있구나'라는 희망이 생겼다. 글쓰는 스킬이 부족하고 방법을 잘 모르더라도 '나만이 가지고 있는 특별한 이야기를 마음을 담아 써보자'라고 생각하며 용기를 얻었다.

쓸수록 다른 내가 된다

──────────── 새벽 기상 루틴에 조금씩 변화를 시도하면서도 글쓰기를 매일 꾸준히 했다. 점차 글쓰기 시간의 비중도 늘어났다. 매일 새벽 책을 읽고, 읽은 부분 중 인상적으로 와닿은 내용과 내 생각을 더해 글을 썼다. 책 속에서 발견한 긍정의 조각들이 모여 내 생각의 각도를 조금씩 바꿔주었다. 나만의 가진 특별함이 분명 있다는 것을 글을 쓰며 알았다. 그토록 알고 싶었던 '진정으로 나를 사랑하는 방법'을 독서와 글쓰기를 통해 깨달았다.

　쓰면 쓸수록 점차 나의 의식이 변화했다. 나의 글쓰기도 점차 '토로하는 글쓰기'에서 벗어나 '새로운 나를 발견하는 글쓰기'로 흘러갔다. 과거의 기억을 쓰던 내가 미래에 꿈꾸는 나를 써나갔다. 인생에서 원하는 것, 되고 싶어 하는 모습에 대한 주제로 변화했다. 나아가 미래의 나를 만들기 위해 오늘을 어떻게 살 것인가를 생각하며 글을 써나가기 시작했다. 글쓰기가 의식의 변화를 이끌고, 그 변화에 따라 글쓰기의 내용도 변했다. 상호 작용하며 계속 나는 성장해가고 있다.

1999년 노벨 문학상을 받은 독일의 작가 귄터 그라스는 자신이 글을 쓰려면 햇빛이 있어야 한다고 말하며 밤에는 글을 절대 쓰지 않는다고 말했다. 스티븐 킹 또한 《유혹하는 글쓰기》에서 집필은 오전 중에만 한다고 말한다. 나도 그들의 말에 전적으로 동의한다. 내가 새벽에 글쓰기를 했기 때문에 더 큰 시너지 효과를 얻었다고 생각한다. 밤에 쓴 글은 낯간지럽다. 그나마 아침에 쓴 글은 봐줄 만하다. 새벽은 해가 떠오르는 하루의 시작이라는 타이밍과 함께 아무도 방해하지 않는 시간이기에 글쓰기에 더할 나위 없이 좋다. 초고 원고를 쓸 때도 종일 글에 매달리는 것보다는 오전 중에 하루 계획한 양의 원고를 완성하는 것을 목표로 했다. 그래야 지치지 않고 쓸 수 있었다.

고요한 가운데 '생각'이라는 엉킨 빨랫감을 '종이'의 빨랫줄에

'펜'으로 걸어 정리해보자. 꾸준한 새벽 글쓰기를 통해 '나의 과거'에 화해의 손길을 내민다면, 그것이 나를 치유하는 가장 좋은 약이 되고 나아가 새로운 미래를 꿈꾸게 해줄 것이다.

5장

하루를
일찍 시작하면
새로운 삶이 열린다

트라우마란 없다,
극복할 기회만 있을 뿐

트라우마란 과거 경험했던 위기나 공포 상황과 비슷한 일이 발생했을 때, 당시의 감정을 다시 느끼면서 심리적 불안을 겪는 증상을 말한다. 트라우마는 충격적이고 드문 사건을 겪은 사람들에게만 생기는 것이 아니라, 자존감을 잃게 만드는 작은 사건으로도 만들어질 수 있다고 한다. 그렇다면 누구나 크고 작은 트라우마를 가지고 있을 수 있다. 당신은 어떤 트라우마를 가지고 있는가? 그리고 그것을 어떻게 극복하고 있는가?

나에게는 일상생활에서 불현듯 튀어나와 나를 곤란하게 만드는 트라우마가 있었다. 끝나지 않을 것처럼 반복되는 고통을 주던 트라우마 사건은 중학교 2학년으로 거슬러 올라간다.

아버지의 직장 전보로 이사를 하면서 학기 중 전학을 하게 되었다. 하필 전학 간 반에는 소위 '일진'이라 불리는 아이가 있었다. 며칠 지난 어느 날, 그 일진 아이가 쉬는 시간에 나에게 다가왔다. "야, 다음 수업에 나랑 자리 바꾸자."

갑자기 다가와서는 하는 말에 당황스러웠다. 아직 새 학교에 대해 어색함이 가득한데, 낯선 자리로 옮기는 것은 내키지 않았다. 그래서 "옮기기 싫은데…."라고 거절했다.

그 순간, 주변 아이들의 이목이 나에게 집중되었다. 다들 놀라는 기색이었다. 그때는 눈치채지 못했는데, 일진 아이의 말은 부탁이 아니라 명령이었다. 그 아이의 입에서 욕이 튀어나왔다.

"앞으로 얘랑 말 한마디라도 하는 X는 나한테 죽을 줄 알아!"

외치고는 나에게 한마디 던지고 자리로 돌아갔다.

"야, 이 XX야, 너 수업 끝나고 뒤뜰에서 봐!"

수업이 끝나고 교실을 나서니 열댓 명 되는 아이들이 나를 기다리고 있었다. 그 친구들은 동그랗게 나를 에워싸더니 한 명씩 욕을 하기 시작했다. 곧 주먹을 휘두를 듯한 험악한 기세에 손이 벌벌 떨렸다. 아무 대꾸도 할 수 없이 굳어버렸다. 한동안 무서운 협박을 쏟아놓은 그들이 가버린 후에야 울음이 터져 나왔다.

더 힘들었던 것은 그 뒤부터였다. 그 아이가 했던 그 말이 다음 날부터 현실이 될 줄은 몰랐다. 그 학급에서는 그 아이가 원하는 대로 모두 이뤄졌고, 대드는 아이에게는 응징이 있었기 때문에 모두 두려워했다. 나를 친절하게 대해주었던 몇 명의 친구들마저 못 본 체하며 지나갔다. 점심시간에 같이 도시락을 먹던 친구들도 갑자기 "이제 너랑은 같이 못 먹을 것 같아. 혼자 먹어"라고 말하면서 거절했다. 거의 한 학기를 교실에 없는 사람인 것처럼 왕따를 당하며 보냈다.

학교에 가면 아무도 나를 아는 체하는 친구가 없다는 것, 아니 나를 보고도 모두가 일부러 못 본 체한다는 것이 그렇게 무섭고 괴로운 일인지 그때 처음 알았다. 홀로 버려진 그 느낌은 견디기 힘든 고통이었다. 존재가치가 없는 인간 같다는 생각에 절망스러워 자살을 시도하기도 했다.

그때의 상처로 한동안 대인기피증을 심하게 앓았다. 일진 아이와 눈을 마주치는 게 무서워서 쥐 죽은 듯 땅만 보고 다녔던 것처럼, 성인이 되고 나서도 사람들의 눈을 똑바로 바라보지 못했다. 눈이 마주치면 갑자기 온몸이 얼어붙듯 긴장하고, 때론 공포에 휩싸이는 나를 보며 당황스러울 때도 많았다. 그런 감정을 남들에겐 안 들키고 싶은데, 스스로 조절이 불가능하다고 느껴질 때가 있었다. 그럴 때마다 고통스러웠고, 사라지고 싶었다.

어찌할 수 없는 괴로움이라고 치부하며 살던 내 생각을 망치처럼 내리친 책이 있었다. 바로 아들러 심리학을 주제로 다룬 《미움받을 용기》다. 아들러는 인생이 힘든 게 아니라 내가 인생을 힘들게 만드는 것이라고 했다. 트라우마로 고통받는 것은 그걸 극복할 용기가 없는 것이고, 평계를 대며 스스로 불행을 선택한 것이라는 그의 주장에 나는 완전히 매료되었다. '모든 것은 앞으로의 나의 선택에 달려 있다'는 관점이 나에게 희망을 주었다. 그 뒤로 아들러 심리학 관련 책을 닥치는 대로 읽었다. '불쌍한 나, 나쁜 그 사람'이라는 평계 속에 빠져 살았다는 것을 깨닫고, 가치관을 조금씩 바꿔나가기 시작했다.

그러나 책을 읽고 마음가짐을 바꾸려고 노력해도, 난데없이 튀어나오는 긴장과 공포는 계속되었다. 강도가 많이 줄어들다가 어떤 날은 갑자기 더 심해지기도 했다. 혼란스러웠다. 읽기만 해서는 진정한 변화가 없었다.

트라우마와 작별하는 다양한 방법들

_____ 트라우마를 진정으로 극복하게 해준 것은 이 책의 4장에서 다룬 방법들을 통해서다. 새벽

시간에 했던 나의 마음을 돌보는 행위들 덕분이다. 지금까지 회피해왔던 상처의 기억을 다시 꺼냈다. 그 시절의 나의 감정을 들여다보고, 공감해주었다. 생생하게 기억이 되살아나 아프기도 했지만, 떠오르는 아픔과 슬픔을 흘려보내기를 되풀이했다. 그 당시 나에게 간절했던 것이 무엇이었는지 찾아보며, 위로의 말을 글로 적어 마음속 어린 나에게 읽어주었다. 매일 쓰는 감사일기, '마법 주문'으로 생각의 각도도 긍정적으로 변했다. 내게 오는 그 어떤 것도 감사함으로 받아들일 수 있다면, 고난도 해프닝과 에피소드에 불과할 뿐이다. 무의식적으로 떠오르는 부정적인 생각과 느낌을 인식하는 연습, 나를 다독이고 긍정으로 채우는 의식적 노력을 반복했다. 꾸준한 마음 돌봄이 나를 변화시켰다.

나의 변화를 '헵의 학습가설'과 연결 지어 생각해볼 수 있다. 헵의 학습가설은 70여 년 전 캐나다의 신경심리학자 도널드 헵 박사가 주장한 이론으로, 새로운 것을 배우면 두 신경세포 사이의 시냅스에 기억이 저장된다는 가설이다. 그는 이미 존재하는 정보와 새로운 정보가 연결되면 시냅스가 강화된다고 했다. 이때 활성화되지 않는 자극들은 연결이 약해지고, 뇌에서도 더는 필요 없는 회로라고 인식하면 나중에는 신경세포의 연결이 끊어진다. 나를 괴롭히던 무의식적 뇌의 회로를 자극하지 않고 다른 반응을 선택하는 의식적 연습을 통해 나의 머릿속에 새로운 신경망이 형성되어가고 있다고 생각했다.

트라우마를 극복하기 위해서 가장 중요한 것은 아픈 과거에 도망 다니거나, 모른 체하지 말아야 한다는 것이다. 외면하고 도망 다니다보면 평생 그 기억이 나를 쫓아다닐 것이다. 괜찮은 척 억누른다면 언젠가는 곪아 터지거나 엉뚱한 방향에서 문제가 발생할 수 있다. 상처를 드러내고 약을 발라줘야 한다.

트라우마라는 시체를 무겁게 끌고 다니지 말고 그 기억을 직면할 용기를 내자. 새벽을 깨운 용기로 상처도 바라볼 수 있어야 한다. 그 기억을 떠올릴 때 나를 괴롭히는 모든 것을 있는 그대로 수용하고 충분히 흘려보내야 한다. 이야기를 꺼내도 안전하다고 생각되는 사람에게 말로 꺼내든, 홀로 종이 위에 올려놓든, 상처도 드러내야 치유할 수 있다는 것을 잊지 말자. 깨달음과 용서로 내 안의 괴로움과 아픔을 떠나보내 가벼워지자. 나의 상처를 꺼내고 돌본 사람만이 그 경험을 숙성, 발효시켜 인생의 가치 있는 보물을 만들 수 있다. 나의 자녀에게 보물을 물려줄 것인가? 상처를 물려줄 것인가?

나를 채우면
타인과의 관계도 향상된다

얼마 전 아들이 좋아하는 영화 〈패딩턴 2〉를 함께 보았다. 귀여운 곰돌이 패딩턴이 주인공인 영화다. 전체관람가 영화를 즐겨 보지 않는 남편조차도 흠뻑 빠져 온 가족이 힐링한 영화였다. 영화의 마지막 장면에서 패딩턴을 향해 마을 사람들이 하는 말이 내 마음에도 깊은 울림을 주었고 오랫동안 여운이 남았다.

"패딩턴은 우리의 좋은 면만 보고 그걸 찾아내는 아이죠."

누구를 만나든 그 사람의 장점에만 집중하는 패딩턴 같은 사람이 곁에 있다면 그 주변은 늘 생기가 넘칠 것이다. 서로의 마음을 채워주며 관계를 맺는 방법이란 이런 게 아닐까.

신뢰를 쌓아야 하는 시간들

———————————— 우리가 패딩턴처럼 타인을 바라보지

못하는 이유는 무엇일까? 아마도 살아오면서 겪은 많은 경험으로 인해 세상을 불신하는 마음이 커졌기 때문 아닐까. 그것이 지난날의 내 마음이었다. 세상은 신뢰할 수 없는 것들로 가득하고, 위험하기 짝이 없다고 생각하며 살았다. 그런 마음은 타인을 볼 때도 '내가 과연 저 사람을 신뢰해도 되는가?' 의심을 품게 했다. 믿을 만한 사람이라는 생각이 들기까지 오랜 시간이 필요할 때도 있었고, 끝까지 믿지 못할 때도 있었다.

곁을 잘 내어주지 않던 내가 마음의 문을 차츰 열 수 있었던 것은 새벽 시간에 내 영혼을 돌본 덕분이었다. 불신하는 마음은 상대의 말이나 행동을 보고 내린 내 판단이며, 그 속에는 내 과거의 상처가 연결되어 있다는 것, 실제 일어난 일과 내가 받아들이는 것의 차이를 알아차리자, 내 생각을 조금씩 객관화할 수 있었다.

나를 돌보는 시간을 충분히 가지면 가슴이 따뜻해지고 마음이 열린다. 그러자 같은 것도 다르게 보였다. 짜증 내는 아이의 모습을 보며 마음속 도움 요청의 목소리가 들렸다. 분노하는 남편의 모습에서 어린아이의 우는 모습이 비쳐 보였다. 겉으로 이해

되지 않는 행동을 하는 사람일지라도 그 안에는 해소되지 못한 선한 욕구가 비극적으로 나타난 것이리라는 연민의 마음이 스며들었다. 내가 마음을 열고 인식하는 순간, 내가 마주하는 어떤 것과도 연결되어 있다는 느낌이 들었다. 들꽃 한 포기, 아몬드 한 알에도 마음이 쓰였다.

  명상을 통해서도 마음이 열리는 느낌을 자주 경험하곤 한다. 최근에 '신뢰'의 욕구를 떠올리며 욕구 명상을 할 기회가 있었다. 처음에는 신뢰를 간절히 갈망했지만 채워지지 않았던 슬픈 상황만이 떠올랐다. 욕구 명상을 할 때 나는 욕구가 충족되지 않았던 상황들이 먼저 떠오른다. 속상하고 안타까운 나의 마음을 위로했다. 생각의 흐름을 관찰하고 있다보면 '누군가에게 나는 신뢰할 만한 사람인가?'라는 자기반성이 들기도 했다. 의심과 불신의 태도는 '심리적으로 안전하고 싶은 마음'에서 비롯된 것임을 내 마음을 들여다보며 알게 되었다.
  그러다가 문득 '신뢰의 욕구가 충족되었던 때가 언제인가?'로 생각의 흐름이 넘어가며 어떤 장면이 떠올랐다. 그러자 갑자기 뭉클하고 목이 메며 저절로 "감사합니다"라는 말이 튀어나왔다. 나에게 온몸으로 신뢰의 에너지를 전해주던 한 사람의 모습, 바로 우리 아버지였다.

아버지는 평소에 말수도 적으시고, 감정표현을 거의 안 하시는 분이다. 그렇다고 행동으로 애정표현을 하시는 분은 더더욱 아니었다. 오히려 가족끼리 대화를 하고 있을 때도 꿔다놓은 보릿자루처럼 있는 듯 없는 듯 조용히 듣기만 하실 때가 더 많았다. 그런 아버지였지만, 아버지가 나를 바라볼 때 전해지는 눈빛과 표정의 에너지는 분명 '나에 대한 존중'이었다. 아버지가 나에게 특별한 말이나 행동을 하지 않아도, '아버지가 나를 신뢰한다'라는 기운을 늘 느낄 수 있었다.

욕구 명상을 통해 깨달았다. 내 곁에도 언제나 묵묵히 믿음으로 바라봐주는 아버지가 있었다는 것을. 그리고 누군가를 신뢰한다는 것은 말이나 행동으로 "나는 당신을 믿어요"라고 애써 표현하지 않아도 몸으로 전해지는 '존중의 에너지'라는 것을.

내가 아버지께 받았던 그 신뢰의 에너지를 만나는 사람들에게도 전해주고 싶다. 그러기 위해서는 내가 나를 굳게 신뢰할 수 있어야 한다. 올바른 자기 신뢰가 확장되면 타인에게도 몸과 마음으로 전해지는 존중의 기운을 내보낼 수 있다고 믿는다. 누군가에게 무시당한 느낌을 받는다 해도 그 사람의 마음속 선한 욕구를 떠올릴 수 있다. 무시를 무시로 돌려주지 않는 관계, 서로 마음으로 연결되어 신뢰하는 관계를 맺으며 살아가고 싶다. 그것은 자녀에게도 마찬가지다. 엄마가 자녀에게 주는 신뢰가 "나는 너를 믿으니, 똑바로 하길 바란다"라는 말로 아이에게 족쇄를 채우는 것이 아니라 몸으로 느껴지는 존중의 기운임을. 그것을 느낄 때 아이에게도 세상을 신뢰하는 눈이 생긴다는 것을 늘 잊지 말자고 되뇐다.

궁정 마인드를 만드는 1:2:7 법칙

1:2:7법칙이라는 것이 있다. '10명의 사람이 있다면, 그중 1명은 반드시 나를 싫어하고, 2명은 나를 아무 이유 없이 좋아하고, 나머지 7명은 나에게 아무 관심이 없다'라는 인간관계의 법칙이다. 어딜 가든지 나를 싫어하는 사람이 있을 수 있고, 나를 좋아하는 사람도 있을 수 있다.

과거에는 나를 잘 모르는 사람들에게 '도도해 보인다'는 말을 종종 들었다. 낯선 사람에게 실수하지 않으려고 긴장하고 움츠러들어 있는 것이었는데, 남들은 다르게 받아들였다. 그때의 나는 타인에게 보여지는 이미지가 중요한 화두였기에 그런 말을 들을 때마다 크게 고민했었다. 그러나 요즘에는 긴장하는 나를 알아차릴 때마다 '1:2:7의 법칙'을 떠올린다. 그러면 자신감이 더해진다.

내 본연의 모습을 드러내고 싶다. 내 취약함을 솔직하게 말하고 싶다. 그 모습을 어떻게 받아들일지는 상대의 몫이다. 비폭력 대화에서도 자신의 감정은 자신의 몫, 상대방의 감정은 그의 몫이라고 말한다. 타인의 감정은 내가 통제할 수 있는 것이 아니다. 타인에게 잘 보이기 위해 나를 억누르고 숨길 필요가 없다. 어디를 가든 싫어하는 사람이 존재한다면, 차라리 그 사람을 연민의 마음으로 바라보겠다. '나를 응원하고 지지하는 사람들을 떠올리며 감사와 사랑의 마음을 채워 그 마음을 흘려보내야지' 다짐한다.

다른 사람과 공감으로 연결될 때의 환희와 감사를 느끼고 사랑을 나누며 살고 싶다. 내 의식에 긍정에너지를 채우면, 귀여운 곰돌이 패딩턴처럼 다른 사람의 좋은 점을 발견할 수 있다. 나를 채우면 타인과의 관계도 향상된다.

"세상 모든 존재와 마음으로 연결되기를…."

매일 마음으로 되뇌는 말이다. 내가 자신과 연결되고, 관계 맺는 타인과 마음으로 공명하기를. 나아가 우리가 살아가는 세상 모든 존재가 연결되어 있음을 모두가 의식하는 시대를 맞이할 수 있기를 바라본다.

새벽 시간이 당신과
아이의 미래를 만든다

"엄마, 나도 엄마처럼 아침에 알람을 맞춰놓고 일찍 일어날래요!" 내가 새벽 루틴을 꾸준히 하는 모습을 본 아들이 어느 날 말했다. 눈을 뜨면 짜증부터 내던 아들의 모습을 공감으로 수용하기 시작한 것이 1년. 매일 아침 더 자고 싶어 하는 아들을 깨우느라 전쟁을 치르던 우리 집의 아침 풍경이 두 번째 도약을 맞이하기 시작했다. 요즘 아들은 아침 알람을 스스로 맞춰놓고 잔다. 조금씩 기상 시각을 앞당기려고 노력하고 있다. 자신도 엄마처럼 아침 시간을 여유 있게 시작하고 싶단다. 이 일 하나만 보아도 엄마의 새벽 기상이 자녀에게 긍정적 영향을 미친다는 걸

알 수 있다. 아이와의 연대감을 꾸준히 쌓아왔기 때문에 아이도 나를 따라 하는 것이라 생각한다. 엄마의 삶이 긍정적으로 변하면, 아이의 삶도 물들어간다.

아이를 잘 키우고 싶은 부모의 마음

자녀를 잘 키우고 싶은 마음은 어느 부모나 같을 것이다. 어떻게 하는 것이 가장 자녀를 잘 키우는 방법일까? 수많은 자녀교육 전문가들이 좋은 이야기를 많이 전하지만, 나는 브레네 브라운이 전하는 메시지를 먼저 생각해보았으면 한다. 브레네 브라운은 빌 게이츠, 셰릴 샌드버그가 먼저 찾아 조언을 구하러 올 정도로 유명한 심리 전문가로, 다섯 권의 책을 「뉴욕타임스」 베스트셀러 1위에 올린 작가다. 그녀가 《마음 가면》에서 전했던 메시지가 있다. "자녀를 잘 키우기 위해서 던져야 할 질문은 '내가 부모 역할을 잘하고 있는가?'가 아니라, '내 아이가 지금의 나와 같은 어른이 되기를 바라는가?' 이다."

아이 성장의 이상향을 생각하기에 앞서, 부모부터 그런 어른의 모습을 갖추었는지를 점검해야 한다. 내 자녀가 나와 같은 어른이 된다고 상상하면 어떤 느낌이 드는가? 나에게 자녀를 어떤 사람으로 만들어보겠다는 의지가 있다면 그 바탕에 깔린 마음을 돌아봐야 한다. 자녀를 소유물이나 모자란 존재로 보는 관점을 가지고 있지는 않은지 말이다.

나는 내 아이가 나 같은 어른으로 크지 않기를 바랐다. 내 아이만큼은 스스로 행복할 수 있는 사람으로 키우고 싶었다. 그러려면 부모가 먼저 스스로 행복한 삶을 보여주어야 했다. 아이는 부모의 등을 보며 자란다. 자녀는 부모의 밝은 면만 닮는 것이 아니라, 어두운 '그림자'까지 닮아간다. 여기서 그림자의 의미는 심리학자 칼 융의 정의에 따른 것이다. 무의식 속에 숨겨온 내가 싫어하는 어두운 모습이 그림자다. 우리는 그것을 잊지 말아야 한다.

부부의 의사소통은 자녀에게 각인된다

─────────────────────── 새벽 시간에 나를 돌보고 긍정의 에너지를 내 마음에 채우니 나의 사고방식과 언어가 바뀌었다. 특히 매일 마주하는 가족들에 대한 표현이 달라졌다. 먼저, 남편의 가치를 인정해주는 말을 자주 했다.

"당신이 매일 직장에서 열심히 일해주어서 우리 가족이 안정적으로 하루하루 살 수 있는 거예요. 고마워요.", "분리수거 해줘서 고마워요.", "일찍 잘 수 있게 배려해 줘서 고마워요.", "아들이랑 둘이 재밌게 놀아줘서 고마워요."

작고 사소한 일이라도 감사하다는 말을 꼭 전했다. 그러자 남편도 변했다. 긍정적 감정표현에 서툴고 쑥스러워했던 남편도 나에게 수고를 인정하는 말을 자주 전해주었다.

"맛있게 먹었어요. 고마워요"부터 시작해서 "○○이가 이렇게 잘 크고 있는 것은 다 당신 덕분이야. 어떤 엄마도 당신처럼 노력하진 못할 거야.", "매일 꾸준히 노력하는 당신 모습 정말 대단하고 멋져."

'인정 결핍'으로 목말라 있던 우리 부부는 따뜻한 말로 서로의 인정 욕구를 채워주었다. 잦은 감사표현으로 서로의 정서 통장에 긍정적 정서를 차곡차곡 저축해나갔다. 과거에는 부부관계의 정서 통장의 잔고가 마이너스였기 때문에 작은 말썽거리에도 쉽게 갈등이 깊어졌다. 이제는 간혹 출금되는 상황이 생기더라도, 관계에 큰 흔들림이 없다. 서로의 정서 통장에 쌓인 긍정적 정서와 신뢰가 가득하기 때문이다.

자녀가 타인과 좋은 관계를 맺고 살기를 원한다면, 부모 사이의 관계부터 서로 존중하고 사랑을 표현하는 관계로 확립해야 한다. 서로 보듬어주는 아빠와 엄마의 모습을 보고 자란 아이는 저절로 그런 태도가 몸에 밸 것이라고 믿는다. 부부 사이의 의사소통은 자녀에게는 그 어떤 관계의 모델보다 강하게 각인된다.

행복한 부부의 모습을 보는 아들은 더는 집에서 불안할 이유가 없었다. 아들의 모습에 활기가 넘치고, 도전에 대한 자신감과 용기도 커졌다. 아들의 입에서도 자연스레 감사와 긍정의 표현이 늘어갔다. 침대에 누워 "엄마, 오늘 하루도 참 행복했어, 그렇지?"라고 말하는 아들을 꼭 끌어안으며 뿌듯했다.

자녀와의 정서 통장에도 꾸준히 저축해나갔다. 자녀에게 저축한 긍정적 정서는 부부의 정서 통장보다 훨씬 더 빠르게 불어났다. 아이는 부모의 정서를 훨씬 잘 흡수하기 때문이다. 그 통장을 마이너스로 만들지, 플러스로 만들지는 평소 내가 자녀를 바라보는 시선과 습관적인 행위에 달려 있다. 그것을 바꾸는 방법, 바로 나를 돌보는 시간이다.

지금 내 모습 그대로의 나를 인정하고 받아들이고 사랑하기 시작하자, 아이를 바라보는 시선도 비슷해졌다. 아이가 가진 독특함을 '문제'가 아닌 '개성'으로 바라볼 수 있게 되었다. 타인의 시선에 집중하지 않고 내 마음에 집중하기 위해 노력했다. 그것은 부모로서 다른 아이와 비교하지 않는 마음을 심어주었다. 무엇을 해야만 예뻐하고, 잘못하면 덜 사랑하는 것이 아니라는 것을 아이가 느낄 수 있도록 노력했다.

"엄마 아들로 태어나주어서 고마워. 너의 존재 자체가 엄마에겐 가장 소중한 선물이야."

아이에게 수시로 말해주었다. 아이의 마음을 최선을 다해 공감해주었다. 아이가 작게나마 새로운 시도를 할 때마다 용기를 북돋아주었다. 저녁 식사 후 자기 전까지 매일 아이의 친구가 되어 놀아주고, 놀이의 주도권을 아이에게 주었다. 또, 거실에 붙여놓은 긍정 주문을 아들과 함께 아침마다 외쳤다. 점차 아이도 단단해졌다. 부모가 예전처럼 실수하더라도 그 부정적 파동에 아이가 크게 동요하지 않았다.

아이와 거리를 두고 믿어주기

─────────────────── 아이와의 거리 두기도 이전보다 수월해졌다. 과거엔 아이보다 내가 더 심각하게 고민했었다. 아이의 문제를 마치 내 것인 양 안타까워하고, 가슴 아파했었다. 애절한 부모 마음이 때론 아이를 더 힘들게 하고, 객관적인 해결책을 찾지 못하도록 시야를 가린다. 이제는 아이의 감정이 내 것이 아님을 알아차린다. 먼발치에서 바라볼 내공은 안되더라도 한 발짝 정도는 떨어질 수 있다. 상황을 해석하는 내 생각과 감

정을 알아차리는 연습을 한 덕분이다. 아이는 언젠가 나의 울타리를 떠날 독립된 개체임을 다시 상기한다. 스스로 이렇게 되뇐다.

'나는 아이 스스로 감당할 수 있도록 믿음 어린 시선으로 거리를 두고 지켜볼 수 있는 엄마다.'

위험한 상황이 아닌 이상, 아이에게 먼저 주도권을 준다. "난 네가 잘 해낼 거라고 믿어"라고 말해준다. 스스로 도움을 요청할 때만 개입하려고 노력한다.

몇 년간의 부단한 노력을 보상받은 듯 기쁜 날이 있었다. 어버이날을 앞둔 어느 날이었다. 아홉 살 아들이 카네이션을 접어 만든 카드를 나에게 건네주었다. 카드에는 이렇게 적혀 있었다.

"엄마 나, ○○이야. 내가 정성 담아 꽃을 접었어. 엄마 나를 이렇게 멋지고 용감하게 키워주셔서 고마워요. 사랑해 ♡"

과거에 자존감이 낮았던 아들이 이제는 자신을 멋지고 용감하다고 생각한다니. 그 글귀를 읽고 가슴이 벅차오르며 코가 시큰해졌다. 아이의 치유와 성장을 실감하며 감격스럽고, 감사했다.

자녀가 어떤 일을 겪더라도 감당해낼 수 있는 용기 있는 사람으로 컸으면 한다. 내 자녀가 자신을 사랑하고, 회복 탄력성이 높은 사람이기를 바라는 마음은 모든 부모가 같지 않을까? 자녀가 그런 사람이 되기 위해 부모가 해줄 수 있는 최고의 선물은 무엇일까? 자녀에게 물려줄 돈도 부동산도 사회적 지위도 아니다. 자녀와 함께하는 시간을 마음껏 즐기고 누리며, 변치 않는 믿음으로 바라봐주는 것이다. 자녀의 평생 기억 속에 언제나 자신을 지지해주는 단 한 사람으로 남는 것이다. 삶에서 일어나는 일이 모두 내 뜻대로 돌아가지는 않는다. 그러므로 부모가 아이의 삶의 고난을 없애주거나, 대신해줄 수 없다. 그것은 자녀 자신의 몫이다. 그 몫을 해낼 수 있도록 돕는 힘, 그것은 자녀에 대한 부모의 무한한 믿음이다.

'삶이란 이렇게 사는 거야'라는 것을 부모로서 몸소 보여주고 싶다. 내가 아들에게 남기고 가고 싶은 유산은 '나답게 사는 삶'이다. 자녀도 미션과 비전, 핵심 가치를 놓지 않고 살도록 돕고 싶다. 아이에게도 자주 이렇게 이야기한다.

"네가 좋아하고 잘하는 것으로 다른 사람을 어떻게 도울 수 있을지 생각해보렴. 그게 너의 미래가 될 거야."

아이가 좋아하고 잘할 수 있는 일을 찾을 수 있으려면 '몰입'

하는 경험이 꼭 필요하다. 내가 새벽 2시간을 온전히 주도하고 몰입하여 보내듯이, 아이도 좋아하고 잘하는 일을 스스로 주도하며 흠뻑 빠지는 경험을 할 수 있도록 늘 지원할 것이다. 몰입의 경험이 '나다운 삶'의 시작이다. 나의 독단적 판단으로 아이가 경험하고 성장할 기회를 뺏지 않을 것이다.

내가 내 삶을 알차게 꾸려가는 모습을 보여준다면, 그 모습을 보고 자란 내 아이도 분명 그렇게 살 것이다. 엄마의 삶을 알차게 꾸려가는 것, 새벽 2시간이면 충분하다. 완벽한 부모는 될 수 없지만, 내 삶이 아이에게 큰 영향을 미친다는 것을 늘 잊지 않는 부모는 될 수 있다.

메멘토 모리,
카르페 디엠

브로니 웨어의 책《내가 원하는 삶을 살았더라면》의 원제는
《죽을 때 가장 후회하는 5가지 The Top Five Regrets of the Dying》이다.
말기 암 환자들이 남겨준 삶의 교훈을 이야기하는 책이다. 삶의
마지막을 앞둔 그들이 가장 후회하는 5가지는 무엇일까?

1. 다른 사람이 아닌, 내가 원하는 삶을 살았더라면

2. 내가 그렇게 열심히 일하지 않았더라면

3. 내 감정을 표현할 용기가 있었더라면

4. 친구들과 계속 연락하고 지냈더라면

5. 나 자신에게 더 많은 행복을 허락했더라면

자신을 위해 솔직하게 선택한 것이 아니라 누군가를 의식하며 살아온 삶에 대한 후회다. 또한, 하지 못한 것에 대한 후회들이다. 곧 죽음을 맞이한다고 생각하면 나는 무엇을 후회할까? 아마도 시도하지 못한 일에 대한 후회가 마음속에 크게 남을 것이다. 시도해보고 실패한 일들은 후회가 없다. 실패한 경험을 통해 배우고, 그것이 또 다른 시작을 불러오기도 하므로.

죽음을 떠올리며 하는 생각들

───────────── 나는 종종 죽음을 떠올리며 이런 질문을 한다. '만약 내가 살 수 있는 날이 얼마 남지 않았다면, 오늘을 어떻게 살아야 할까?' 죽음을 자주 떠올리는 이유는 아마도 꽤 일찍 죽음을 실감했기 때문인 듯하다.

나에게는 생생하게 기억나는 죽음의 장면이 있다. 하나는 내가 죽음의 문턱까지 갔었던 출산 직후 응급실에서의 기억, 다른 하나는 스무 살 때 겪은 할아버지의 임종이다. 10년이 넘도록 함께 동고동락했기에 할아버지에 대한 내 마음이 각별했다. 노쇠하신 할아버지의 식사를 챙겨드리러 방에 들어갔다가 돌연히 주검을 맞닥뜨렸다. 그때 할아버지의 몸에는 여전히 따뜻한 온기가 남아 있었다. '조금만 더 빨리 방에 들어갔더라면… 할아버지 임종을 지켜드릴 수 있었을 텐데….' 시간을 되돌리고 싶은 안타까움과 죄의식의 늪에서 한동안 헤어나오지 못했다. 삶이 덧없다는 생각, 죽음에 대한 두려움도 가득했다. 특히 부모님을 그렇게 허망하게 보내게 될까 두려웠다. 할아버지를 보내드리며 겪은 고통을 언젠가 또다시 겪어야 한다고 생각하면 끔찍했다. 가끔은 혼자 번민에 시달리며 울기도 했다.

그러나 매일 긍정을 마음에 쌓아 올린 지금은 내 생각의 각도가 많이 변했다. 죽음의 공포에 떨며 현재의 시간을 허비하지 말자고 마음을 다진다. 어차피 나의 의지와 계획대로 맞이할 수 없는 것이 죽음이라면, 지금의 삶을 더 귀하게 살아야 하지 않을까? 죽음을 생각하면 삶이 더욱 소중해진다. 죽음을 떠올리며 나에게 묻는다.
'지금의 삶을 어떻게 잘 누리며 살 것인가?'
'나는 무엇을 남기고 죽을 것인가?'
만일 내가 내일 죽는다고 생각하면 무엇을 할 수 있을까? "사랑한다"라는 말 한마디 못 전하고 할아버지를 보내드렸을 때와 같은 실수는 하고 싶지 않다. 지금의 모습을 마음에 담으며 나와 관계한 인연들에게 "많이 사랑한다"라고 말해줄 것이다. 용기를 주는 말과 인생의 지침을 늘 상기할 수 있도록 아들에게 편지를 쓸 것이다. 오늘 하루 살아 있어서 누릴 수 있는 많은 것을 만끽할 것이다. 남은 하루의 매 순간이 더없이 소중할 것이다.

메멘토 모리Memento mori! 죽음을 기억하라

죽음을 떠올리며 했던 물음의 답이 내 삶이 되었다. 더 나은 삶을 살기 위해 새벽을 깨웠다. 새벽은 이제 나에게 없어서는 안 되는 소중한 시간이다. 그 시간을 통해 '더 나은 삶'에 대한 나만의 답을 찾았다. 내 삶의 나침반을 가지고 매일 그 방향으로 조금씩 나아가고 있다. 있는 그대로 지금의 나를 받아들이고, 그 모습을 사랑하는 삶, 객관적인 시각으로 바라볼 수 있는 통찰력을 갖추고 사는 삶이다. 우선순위가 높은 소중한 것부터 돌보는 삶을 살고프다. 글을 쓰고 책을 남겨야겠다고 다짐한 것도 죽음을 떠올리며 답을 고민하다 찾은 길이었다. 남은 인생을 후회 없이 살고자 나는 글을 쓴다. 매일 새벽 죽음을 떠올리고, 가치 있는 삶을 만들어간다.

카르페 디엠Carpe diem! 지금, 이 순간을 즐겨라!

언젠가는 우리 모두 죽는다는 사실을 상기하면 지금, 이 순간 살아 있음이 더 소중해진다. 살아 숨쉬기 때문에 상쾌한 공기의 내음을 느낄 수 있다. 매 순간 달라지는 하늘의 아름다움도 만끽할 수 있다. 매일 가족들을 보고 목소리를 듣고 어루만질 수 있다. 감사할 수 있는 것이 수없이 많아진다. 갖지 못한 것에 매달리기보다는 지금, 이 순간 내가 가진 것을 사랑하는 마음. 그것이야말로 진정한 '카르페 디엠'이 아닐까?

변화를 만들어가는 것은 '지금'의 순간이다. 과거도, 미래도 아니다. 많은 현인이 공통으로 했던 말이다. 이미 지나간 과거에 연연하며 현재를 낭비하지 말자. 다가오지 않은 미래를 걱정하며 허비하지도 말자. 나의 미래를 만들어가는 것도 결국 현재의 나이다. 자연적으로 흘러가는 물리적 시간인 '크로노스의 시간'을 특별한 의미가 부여된 '카이로스의 시간'으로 만들자. 새벽 2시간으로 시작된 '카이로스의 시간'은 나머지 일상에서도 점차 확장되어간다. 내 힘으로 변화시킬 수 있는 삶의 기회는 지금, 이 순간 여기뿐이다. 내일 죽음을 맞이할 사람처럼 소중하고 뜨겁게 현재를 살아가자.

내려놓음과 비움으로
채우는 행복한 삶

니체는《차라투스트라는 이렇게 말했다》에서 '많은 것을 보려면 자기 자신을 놓아버릴 줄 알아야 한다'라고 말했다. 눈에 보이는 것에 지나치게 집착한다면 만사 겉으로 드러나는 것 이상을 볼 수 없다는 말이다. 자신을 놓아버릴 줄 아는 사람이야말로 눈에 보이지 않는 본질이 무엇인지 분별할 수 있다. 본질을 꿰뚫어볼 줄 아는 사람만이 격변하는 시대에도 살아남을 수 있다.

그렇다면 자기 자신을 놓아버린다는 것은 어떤 의미일까? 마이클 A. 싱어의《상처받지 않는 영혼》은 진정 자신을 놓아 보내는 것이 어떤 의미인지, 그리고 그 너머의 삶이 어떠한지에 대해 이해하기 쉽게 설명한다. '놓아 보내기'란 마음속 가시를 뽑아내고, 자신을 혼란스럽게 하는 에너지를 그저 흘려보내는 것이라고. 나는 이 책을 만나 뿌리 깊은 가시를 직면할 용기를 낼 수 있었고, 때론 아프고 괴로웠지만 가시를 뽑아내는 작업을 포기하지 않을 수 있었다.

흘려 보내는 연습

나에게 '놓아 보내기'란 내 안에서 생성되는 생각과 감정들이 어떻게 사라지는지 그 과정을 지켜보는 것이었다. 나를 괴롭히는 실체들을 억지로 뽑아내려고 애쓰지 않았다. 그렇다고 억누르고 외면하지도 않았다. 매일 따스하게 바라보며 흘려보냈다. 그리고 긍정의 습관들로 내 무의식 속 긍정의 씨앗에 물을 주었다.

또 익숙한 것들도 놓아 보냈다. 익숙하고 편한 것은 나를 안전지대에만 계속 머무르게 만든다. 현실에 안주하는 사람은 평온함을 느낄진 모르지만, 희망차고 생기 있는 삶은 살기 어렵다. 무의식에 휘둘리는 삶을 끊어내기 위해 '익숙함'을 놓아 보내야 한다. 예전에 어느 목사님의 설교에서 들었던 〈거지 우화〉를 떠올리며 내 삶에서 무엇을 내려놓고 비워야 하는지를 종종 생각해본다.

'어느 날, 왕이 길을 가다가 우연히 배고픔에 구걸하고 있는 거지를 만났다. 거지가 안쓰러웠던 왕은 거지에게 왕궁에서 살게 해주겠노라고 제안했다. 그 대신 하나의 조건을 달았다. 왕궁에 들어가고 싶다면 거지가 지금 가진 것들을 다 버려야만 한다는 것이었다. 왕궁에서 살 수 있다니, 인생 역전의 기회였지만 거지는 어떤 선택을 해야 할지 갈등했다. 거지의 전 재산, 깡통과 수저와 담요는 그를 지금껏 살게 해준 중요한 물건이었다. 자신이 가진 것을 모두 버릴 용기가 나지 않았고, 변화가 두려웠다.'

변화를 주저하는 거지의 모습에서 나를 본다. 나는 삐뚤어진 생존전략을 꼭 쥐고 살아왔다. 걱정, 회피, 억압, 무조건적 순종. 버리고 비우면 분명 다른 삶을 살 수 있다는 것을 머리로는 알지만, 가슴속 두려움과 익숙함에 젖어 용기 내지 못했다. 그것들을 조금씩 내려놓기 시작하면서 비로소 깨달았다. 내 에너지를 갉아먹는 주요 원인이었음을. 가치의 기준을 밖에 두고 노예처럼 그것에 복종해왔음을.

익숙한 습관을 끊으려 애쓰면 아이러니하게도 더 그것에 매

여버렸다. 그저 알아차리고, 좋은 것을 채우는 데 집중하는 것이 효과적이었다. 나도 모르게 흘러가는 익숙한 생각의 패턴을 알아차릴 때마다 잠시 멈췄다. 찬찬히 나를 관찰하고, 다시 새로운 생각의 알고리즘을 연습했다.

성장하려면 익숙함을 놓아줄 수 있어야 한다. 익숙하고 편안하게 느끼는 행위들의 진정한 가치를 돌아볼 필요가 있다. 하등의 도움이 안 된다면 놓아 보낼 용기를 내야 한다. 당장은 어색하고 불편할지라도 그것을 감내하고 익숙함을 비워낼 때 이전에는 몰랐던 세상이 보인다. 내가 변하면 내가 보는 세상도 변한다. 진정 내가 원했던 삶의 방향으로 전진할 수 있다. 나는 매일 새벽 그렇게 한 걸음 더 성장한다. 낯선 경험을 즐기며 새로운 세상을 만나고 있기에 앞으로의 삶이 기대되고 설렌다.

내 삶에 채워 넣어야 할 것들

———————————— 먼저 가시적인 스펙과 소유물이 마치 나의 존재감인 양 여기는 삶에서 벗어나자. 데이비드 소로는 "우리가 얻을 수 있는 부유함은 우리가 기꺼이 내려놓을 수 있는 물건의 숫자에 비례한다"라고 했다. 많은 것을 소유한 삶이 행복한 삶이 아니다. 무엇을 소유해야만 행복하다고 꿈꾸다보

면, 그것을 소유하지 못한 현재의 삶은 늘 부족하고 불행하다.

나는 비교로부터 시작되는 '소유'의 삶을 내려놓고, 더 많은 '경험'으로 채우는 부유한 인생을 꿈꾼다. 경험으로 채우는 인생에는 성공과 실패가 없다. 이분법적 사고에서 벗어나면 삶은 끝없는 배움과 경험의 연속이다. 그런 시선으로 바라보는 인생에서는 '성장'만 있을 뿐이다.

남과 비교하는 시선을 나에게로 돌리자. 내면의 목소리를 경청하자. 내면의 소리에 귀 기울이면 남들의 시선보다 훨씬 중요한 것이 무엇인지 알게 된다. 내 마음의 소리를 충분히 들어줄 수 있는 가장 좋은 친구는 바로 나 자신이다. 내면의 소리를 외면하고 남들에게 보이는 껍데기만 추구하다가는 평생 진정한 자신을 만날 수 없을 것이다. 내 속에서 외치는 심판자, 내면 부모, 내면 아이의 목소리를 충분히 들어주었더니 그 속에 숨겨진 선한 마음을 알아차릴 수 있었다. 자신의 내면에 숨겨진 보물을 찾을 수 있다면 평화롭고 자유로운 삶에 더 가까워질 것이다.

행복한 삶은 '걱정'을 비우고 '사색'으로 채우는 삶이다. 둘 다 머릿속으로 하는 생각이지만, 결이 완전히 다르다. 불안한 마음에 생기지도 않을 일을 과대하게 부풀려 상상하는 것이 걱정이라면, 내가 가진 관습적 사고를 내려놓고 자유롭게 다양한 관점에서 삶의 의미를 성찰하는 것이 사색이다. 과거에 매여 있던 집착과 미래에 대한 불안을 비우는 순간 사색이 가능해진다. 나는 새벽의 사색을 통해 넉넉한 마음으로 즐기며 매 순간 생생한 삶을 꿈꾼다.

불편한 감정과 생각들을 비우고, 감사와 긍정으로 내면을 채우자. 타인과 비교하는 마음을 내려놓고, 내면의 목소리를 경청하며 사색으로 채우자. 내려놓음과 비움으로 진정 행복을 채우는 삶을 살아가자. 니체의 말처럼 "지금의 삶을 다시 살아도 충분히 좋을 만큼 오늘을 살자."

오로지 나만
나로 살 수 있다

"군자는 화이부동^{和而不同}하고 소인은 동이불화^{同而不和}한다."

《논어》〈자로 편〉에 나오는 공자의 말씀이다. '화이부동'이란 다른 사람과 잘 어울려 화합하지만, 자신의 소신을 명확히 밝힐 줄 안다는 뜻이다. 반면 '동이불화'는 남이 하자는 대로 비위를 맞추고 끌려가면서도 속으로는 불만을 품고 다른 생각을 하고 있다는 것이다.

남을 배려하지 않고 독불장군처럼 자기 생각만 고집하는 것도 문제지만, 소신 없이 남이 하는 대로 끌려가는 부화뇌동^{附和雷同}, 동이불화의 삶도 문제다. 나는 부화뇌동하며 다른 사람에게 맞취주느라 나만의 색을 잃어버릴 때가 많았다. "우리는 다른 사람과 같아지기 위해 삶의 3/4을 빼앗기고 있다"라는 쇼펜하우어의 말처럼, 암묵적인 규율 속에 나를 가두고 타인과 비슷해지기 위해 에너지를 쏟았다.

이제는 그 에너지를 나를 돌보고 나답게 성장하는 데 쓴다. 사회적 통념과 관습에 부응하는 삶이 아니라, 나만의 삶의 기준과 지향점을 향해 나아간다. 남의 시선을 신경 쓸 시간에 내 그림자를 치유한다. 지금의 내 모습에 스스로 사랑을 부어주고 내면을 성찰하며 나 자신을 객관화한다. 여전히 흔들리고 넘어지는 갈대와 같지만, 적어도 뿌리는 뽑히지 않는다. 금세 다시 일어날 수 있다. 나를 돌보는 새벽 시간으로 나만의 삶의 중심을 확고히 했기 때문이다. 이웃들과 사랑으로 화합하며 살아가는 것도 중요하지만, 먼저 나를 깊이 알고 사랑해야 한다. 그래야만 내 뿌리를 어디에 심을지 몰라 이곳저곳 방황하는 삶을 멈출 수 있다.

오롯이 나만의 시간을 확보하여 지금 내 안에 무엇이 존재하는지 끊임없이 자신에게 물어보자. 호기심을 가지고 새롭게 나를 바라보자. 한편으로는 곧 죽음을 앞둔 사람처럼 생각하며 진정한 본질과 의미를 찾는 연습도 필요하다. 그런 경험이 나다운 성장을 도왔다.

그 과정에는 '알아차림'이 있어야 한다. 알아차림은 평가나 판단을 하지 않고 그대로 수용하는 것이다. 또한 보이는 것보다 보이지 않는 것들에 집중하는 것이다. 머릿속 생각을 관찰한다. 그 생각으로 인해 나에게 일어나는 변화를 알아차린다. 내가 지금 고민하는 문제가 과연 문제 삼을 만한 주제인지 다시 한번 깊이 사색해본다. 진정 문제 삼아야 할 것을 인식하지 못한 것은 아닌지, 무의식적인 생각이 답인 듯 쉽게 끌려가고 있지는 않은지 알아차린다. 그런 '알아차림'만으로도 순간의 빈틈이 생긴다. 때론 그 빈틈으로 잠시 숨을 돌리기만 해도 문제가 자연스럽게 해결되기도 하고, 새로운 방법을 깨닫기도 한다.

알아차림의 시간

───────── 가장 쉬운 알아차림의 방법으로, 주제를 정해 기록해보는 것을 추천한다. 먼저 '나를 행복하게 하는 것들'을 찾아보면 좋다. 현실을 잊기 위한 도피 수단의 쾌락을 찾는 것이 아니다. 지친 나의 영혼을 위로하고 새로운 에너지를 채우는 작은 행위들을 알아차리는 것이다. 나는 그런 것들을 찾을 때마다 휴대전화 메모장에 추가해두면서 자주 나의 영혼을 달랬다. '아

들을 꼭 안아주며 보드라운 살결과 온기를 느낄 때', '거실 테이블에 앉아 커피를 마시며 책을 읽을 때', '자전거를 타고 시원하게 바람을 가를 때', '샤워기의 따뜻한 물을 맞을 때', '좋아하는 곡을 피아노로 연주할 때' 같은 것들이었다. 이것들이 내 마음의 스위트 스폿, 회복환경이다. 회복환경도 사람마다 다르므로 오직 나만의 것을 세밀하게 찾아야 한다. 이런 순간들을 알아차리면, 에너지가 소진되었다고 느낄 때 스스로 회복할 수 있고, 삶의 질을 향상할 수 있다. 반대로 '내 영혼을 갉아먹는 것들'도 알아차리고 기록해둔다. 예를 들면, '우울한 기분이 들 때 아무것도 안 하기', '쓴 물건 아무 곳에나 놓기', '끼니 대충 때우기', '목적 없이 핸드폰 뒤적이기' 같은 것들이다. 이렇게 목록화해두면 나도 모르게 그런 행동을 하고 있을 때 더 쉽게 알아차리고, 빨리 피할 수 있다.

명상과 관찰 연습, 글쓰기는 나에게 더 깊은 '알아차림'을 가능하게 해주었다. 벌어지는 일은 내 힘으로 막을 수 없다. 그러나 그 일에 대한 내 생각은 스스로 조절할 수 있다. 내 판단과 반응이 나를 더 괴롭게 한다는 것을 알아차리기 시작하면서 이제는 과거의 아픔도 큰 자산으로 받아들일 수 있다. '비록 지금은 후회스러운 일이라 할지라도, 그 순간에는 내가 선택한 최선이었어'라고 나를 다독인다. 고통의 상처와 가시가 '알아차림'을 통해 나와 타인을 이해하는 마음의 보석으로 승화될 수 있다.

나는 그렇게 나만의 강점이 발휘되는 환경이 어떤 것인지 탐색하며 나에게 어울리는 물리적, 정신적 환경으로 일상을 다듬어가고 있다.

나는 나를 응원한다

─────────── 새벽 시간의 '알아차림'은 평소 마음가짐에도 변화를 불러왔다. 과거와 미래에 발목 잡혀 있던 내 생각을 알아차리고, 다시 '지금, 이 순간, 여기'로 데려온다. 매 순간 알아차리고 깨어 있을 수는 없지만, 수없이 반복 연습하며 어제보다 나은 나를 만들어간다. 내가 지금 마주하고 있는 사람과 현재 행위에 정성을 다하기를 선택한다.

그리하여 전혀 연관 없어 보였던 과거의 점들이 모여 새로운 선과 면을 만들어내고 있다. 나의 지난 모든 삶이 내 미래의 원료가 되고 있다. 철저히 고독한 새벽 시간에 자기 존중의 마음과 자기 사랑의 에너지를 내면에 채웠다. 눈에 보이지 않는 본질을 쌓기 위해 노력했더니, 가시적인 성과는 덤으로 따라왔다. 책

출간이라는 결과물을 길어 올릴 수 있었던 것도 전부 진정한 본질을 찾아가는 과정에서 비롯된 일이다. 당장 삶의 답이 보이지 않는다고 해도 포기하지 말자. '내가 지금 이 일을 왜 하고 있는가?' '이것이 나에게 왜 중요한가? 어떤 의미인가?' 매일 스스로 묻자. 내 가슴에서 확실한 당위성이 느껴지는 본질을 찾자. 꾸준히 '나다운' 본질을 채우면 우리의 인생이 진정 변화할 것이다.

김종삼 시인의 〈어부〉라는 시 구절처럼 '우리네 삶은 날마다 출렁거리며 풍랑에 뒤집히기도' 한다. 그럼에도 불구하고 지금까지 기적을 만들어온 당신만의 존엄한 삶이다. 세상 그 누구보다도 내가 내 삶을 가장 잘 안다. 나에게 고마움을 전하며 '지금의 나'를 만들어온 자신을 다독이자.

'여기까지 오느라 애썼다.'

'지금껏 잘 버티고 이겨낸 내가 대견하고 고맙다.'

'잘했고, 잘하고 있고, 잘할 것이다.'

나는 나를 어떻게 대접하고 있는가? "인간을 보이는 대로 대접하면 그보다 못한 인간을 만들지만, 잠재력대로 대접하면 그보다 큰 사람이 된다"라고 했던 괴테의 말은 나 자신에게 먼저 적용해야 할 말이다. 내가 해줄 수 있는 가장 큰 위로와 응원을 나에게 전하며 살자. 내 마음을 내가 어루만져주자. 한계도 가능성도 결국 내가 만들어내는 것이다. 한계를 긋지 말고, 무한한 가능성을 굳게 믿자. 나의 잠재력을 믿고, 그렇게 대접하자.

　똑같은 삶을 사는 사람은 세상에 단 한 명도 없다. 설사 같은 시간을 보냈다 하더라도 그 속에서 느끼고 생각하는 것은 각자 다르다. 남의 것을 대신 누릴 수도, 내 것을 누가 대신할 수도 없다. 나만 나처럼 느끼고, 나처럼 생각한다. 오직 나만 누릴 수 있는 당당한 내 삶이다. 세상 누구도 나처럼 살 수 없음을 기억하며, 내 삶을 사랑하는 마음으로 오늘도 묵묵히 가꾸어나가기를. 나는 세상 유일무이하고 온전한 존재라는 것을 잊지 않기를. 우리가 가진 고유의 힘으로 살아온 기적을 만들어왔듯, 앞으로도 새로운 기적을 만들어가자.

　저의 '미라클 모닝'은 돈과 지위, 권력을 불러오는 성공의 길

이 아닙니다. 내 존재를 있는 그대로 사랑하고, 나만이 가진 고

유하고 특별한 힘에 대한 믿음을 키워 자신만의 존엄한 삶을 누

리는 방법을 찾아가는 길입니다. 삶에서 주어지는 '문제'를 해

결하는 것보다, '문제'를 바라보는 나의 내면을 성장시키는 것이

더 중요합니다. 감사일기, 긍정확언, 비전 시각화, 명상, 관찰, 자

기공감, 독서, 글쓰기. 긍정 정서와 삶에 대한 통찰력을 높이는

새벽 활동의 힘으로 매 순간 의미 있게 살고, 그런 하루하루가

모여서 여물어가는 인생을 만들 것입니다.

진정한 풍요로움은 물질에서 비롯되는 것이 아니라, 의식에서부터 비롯됩니다. 나를 깊게 마주하는 시간을 통해 의식이 성장한다면, 누구나 삶을 풍요롭게 가꾸고 원하는 대로 자신의 운명을 개척해 나갈 수 있을 것입니다.

노명우 사회학자는 세상에는 두 종류의 텍스트가 있다고 말했습니다. 이론과 지식에 전적으로 기대어 쓴 텍스트, 또 다른 한편에는 이론과 지식에 선행하는 삶에 대한 성찰에서 나온 힘으로 쓴 텍스트. 저는 후자를 지향하며 이 책의 원고를 썼습니다. 초보 작가의 글이라 비록 어리숙할지라도, 저의 진심이 책을 통해 독자들에게 전해지기를 기도합니다. 마지막으로, 늘 곁에서 믿음의 눈으로 저를 지켜봐주시는 아버지와 어머니께 이 책을 바칩니다.

어떤 방해 없이 온전히 나만을 위한 새벽 2시간 활용법

엄마를 위한 미라클 모닝

초판 1쇄 발행 2022년 1월 6일
초판 2쇄 발행 2023년 3월 15일

지은이 최정윤
책임편집 장수현
디자인 Aleph design

펴낸이 최현준
펴낸곳 빌리버튼

출판등록 2022년 7월 27일 제 2016-000361호
주소 서울시 마포구 월드컵로 10길 28, 201호
전화 02-338-9271 **| 팩스** 02-338-9272
메일 contents@billybutton.co.kr

ISBN 979-11-91228-74-8 03190
ⓒ 최정윤, 2022, Printed in Korea